Kleine Bibliothek der Weltweisheit

19

Franz Kafka

Betrachtungen über Leben,
Kunst und Glauben

In Kafkas intellektueller Welt existierte keine Trennung zwischen Leben und Schreiben. In seinen Notizen, Tagebüchern und Briefen finden sich Betrachtungen, Aphorismen und Beobachtungen von höchster sprachlicher Brillanz. Die Auswahl aus diesen einzigartigen Aufzeichnungen liefert einen Schlüssel zu Kafkas Welt.

Peter-André Alt ist Professor für Neuere deutsche Literaturwissenschaft an der Freien Universität Berlin. Bei C. H. Beck erschienen von ihm: *Schiller. Leben – Werk – Zeit. Eine Biographie* (2 Bde., 2. Aufl. 2004), *Der Schlaf der Vernunft* (2002), *Schiller* (C. H. Beck Wissen, 2004) und *Franz Kafka. Der ewige Sohn* (2005).

Franz Kafka

**Betrachtungen über Leben,
Kunst und Glauben**

*Mit einem Nachwort
von Peter-André Alt*

dtv
C. H. Beck

Dezember 2007
Deutscher Taschenbuch Verlag GmbH & Co. KG,
München
© 2007 Verlag C. H. Beck oHG dtv, München
Druck und Bindung: Druckerei C. H. Beck, Nördlingen
Umschlagentwurf: David Pearson, London
Printed in Germany
ISBN 978 3 423 34456 2

www.dtv.de

Inhalt

I Kindheit und Erziehung
7

II Identität und Erfahrung
16

III Geschlecht und Sexualität
35

IV Literatur und Künstlerexistenz
40

V Erkenntnis und Wahrheitssuche
51

VI Judentum und Religion
59

Nachwort
73

Bibliographische Hinweise
95

I Kindheit und Erziehung

Zwei Aufgaben des Lebensanfangs: Deinen Kreis immer mehr einschränken und immer wieder nachprüfen ob du dich nicht irgendwo außerhalb deines Kreises versteckt hältst.
Oktavhefte, 1. Februar 1918

Die Kette der Generationen ist nicht die Kette Deines Wesens und doch sind Beziehungen vorhanden. Welche? Die Generationen sterben wie die Augenblicke Deines Lebens. Worin liegt der Unterschied?
Oktavhefte, 10. Februar 1918

Jede typische Familie stellt zunächst nur einen tierischen Zusammenhang dar, gewissermaßen einen einzigen Organismus, einen einzigen Blutkreislauf. Sie kann daher, auf sich allein angewiesen, nicht über sich hinaus, sie kann aus sich allein keinen neuen Menschen schaffen, versucht sie es durch Familienerziehung, ist es eine Art geistiger Blutschande.

Die Familie ist also ein Organismus, aber ein äußerst komplizierter und unausgeglichener, wie jeder Organismus strebt auch sie fortwährend nach Ausgleichung. Soweit dieses Streben nach Ausgleichung zwischen Eltern und Kindern vor sich geht (die Ausgleichung zwischen den Eltern gehört nicht hierher), wird sie Erziehung genannt. Warum das so genannt wird, ist unverständlich, denn von wirklicher Erziehung, also dem ruhigen, uneigennützig liebenden Entfalten der Fähigkeiten eines werdenden Menschen oder auch nur dem ruhigen Dulden einer selbständigen Entfaltung ist hier keine Spur. Vielmehr ist es eben nur der meist unter Krämpfen vorsichgehende Versuch der Ausgleichung eines zumindest während vieler Jahre zur schärfsten Unausgeglichenheit verurteilten tierischen Organismus, den man zum Unterschied vom einzelnen Menschentier das Familientier nennen kann.

Der Grund der unbedingten Unmöglichkeit einer sofortigen gerechten Ausgleichung (und nur eine gerechte Ausgleichung ist wirkliche Ausgleichung, nur sie hat Bestand) innerhalb dieses Familientieres ist die Unebenbürtigkeit seiner Teile, nämlich die ungeheuerliche Übermacht des Elternpaares gegenüber den Kindern während vieler Jahre. Infolgedessen maßen sich die Eltern während der Kinderzeit der Kinder das Alleinrecht an, die Familie zu repräsentieren, nicht nur nach außen, sondern auch in der inneren geistigen Organisation, nehmen also dadurch den Kindern das Persönlichkeitsrecht Schritt für Schritt und können sie von da aus unfähig machen, jemals dieses Recht in guter Art geltend zu machen, ein Unglück, das die Eltern später nicht viel weniger schwer treffen kann als die Kinder.

Der wesentliche Unterschied zwischen wirklicher Erziehung und Familienerziehung ist: die erstere ist eine menschliche Angelegenheit, die zweite eine Familienangelegenheit. In der Menschheit hat jeder Mensch Platz oder zumindest die Möglichkeit auf seine Art zugrundezugehn, in der von den Eltern umklammerten Familie aber haben nur ganz bestimmte Menschen Platz, die ganz bestimmten Forderungen und überdies noch den von den Eltern diktierten Terminen entsprechen. Entsprechen sie nicht, werden sie nicht etwa ausgestoßen – das wäre sehr schön, ist aber unmöglich, denn es handelt sich ja um einen Organismus –, sondern verflucht oder verzehrt oder beides. Dieses Verzehren geschieht nicht körperlich wie bei dem alten Elternvorbild in der griechischen Mythologie (Kronos, der seine Söhne auffraß, – der ehrlichste Vater), aber vielleicht hat Kronos seine Methode der sonst üblichen gerade aus Mitleid mit seinen Kindern vorgezogen.

Der Eigennutz der Eltern – das eigentliche Elterngefühl – kennt ja keine Grenzen. Noch die größte Liebe der Eltern ist im Erziehungssinn eigennütziger als die kleinste Liebe des bezahlten Erziehers. Es ist nicht anders möglich. Die Eltern stehen ja ihren Kindern nicht frei gegenüber, wie sonst ein Erwachsener dem Kind gegenübersteht, es ist doch das eigene Blut – noch eine schwere Komplikation: das Blut beider Elternteile. Wenn der Vater (bei der Mutter ist es entsprechend) erzieht, findet er z. B. in dem Kind Dinge, die er schon in sich gehabt hat und nicht überwinden konnte und die er jetzt bestimmt zu überwinden hofft, denn das schwache Kind scheint ja mehr in seiner Macht als er selbst, und so greift er blindwütend, ohne die Entwicklung abzuwarten, in den werdenden Menschen, oder er erkennt z. B. mit Schrecken, daß etwas, was er als eigene Auszeichnung ansieht und was daher (daher!) in der Familie (in der Familie!) nicht fehlen darf, in dem Kinde fehlt, und so fängt er an, es ihm einzuhämmern, was ihm auch gelingt, aber gleichzeitig mißlingt, denn er zerhämmert dabei das Kind, oder er findet z. B. in dem Kind Dinge, die er in der Ehefrau geliebt hat, aber in dem Kinde (das er unaufhörlich mit sich selbst verwechselt, alle Eltern tun das) haßt, so wie man z. B. die himmelblauen Augen seiner Ehefrau sehr lieben kann, aber aufs höchste angewidert wäre, wenn man plötzlich selbst solche Augen bekäme, oder er findet z. B. in dem Kind Dinge, die er in sich liebt oder ersehnt und für familiennotwendig hält, dann ist ihm alles andere an dem Kinde gleichgültig, er sieht in dem Kind nur das Geliebte, er hängt sich an das Geliebte, er erniedrigt sich zu seinem Sklaven, er verzehrt es aus Liebe.

Das sind, aus Eigennutz geboren, die zwei Erziehungsmittel der Eltern: Tyrannei und Sklaverei in allen Abstufungen, wobei sich die Tyrannei sehr zart äußern kann (Du mußt mir glauben, denn ich bin deine Mutter!) und die Sklaverei sehr stolz (Du bist mein Sohn, deshalb werde ich dich zu meinem Retter machen), aber es sind zwei schreckliche Erziehungsmittel, zwei Antierziehungsmittel, geeignet, das Kind in den Boden, aus dem es kam, zurückzustampfen. *An Elli Hermann, geb. Kafka, Herbst 1921*

Die Erziehung als Verschwörung der Großen. Wir ziehen die frei Umhertobenden unter Vorspiegelungen, an die wir aber auch selbst nicht in dem vorgegebenen Sinne, glauben in unser enges Haus. *Tagebuch, 8. Oktober 1916*

Durch die Tür rechts dringen die Mitmenschen in ein Zimmer, in dem Familienrat gehalten wird, hören das letzte Wort des letzten Redners, nehmen es, strömen mit ihm durch die Tür links in die Welt und rufen ihr Urteil aus. Wahr ist das Urteil über das Wort, nichtig das Urteil an sich. Hätten sie endgültig wahr urteilen wollen, hätten sie für immer im Zimmer bleiben müssen, wären ein Teil des Familienrates geworden und dadurch allerdings wieder unfähig geworden zu urteilen. *Oktavhefte, 24. November 1917*

Ich glaube gefunden zu haben, daß Eltern im allgemeinen gerechter gegen die Kinder sind als umgekehrt.
An Grete Bloch, 7. März 1914

Es gibt mehr oder wenigstens dauernder verkannte Eltern als es verkannte Kinder gibt. *An Grete Bloch, 7. März 1914*

Ein unglücklicher Mensch, der kein Kind haben soll, ist in sein Unglück schrecklich eingeschlossen. Nirgends eine Hoffnung auf Erneuerung, auf eine Hilfe durch glücklichere Sterne. Er muß mit dem Unglück behaftet seinen Weg machen wenn sein Kreis beendet ist, sich zufrieden geben und nicht weiterhin anknüpfen, um zu versuchen, ob dieses Unglück, das er erlitten hat, auf einem längern Wege, unter andern Körper- und Zeitumständen sich verlieren oder gar ein Gutes hervorbringen könnte [.]

Tagebuch, 27. Dezember 1911

Die ersten, ich meine die ersten sichtbaren Irrtümer des Lebens sind so merkwürdig. Sie sollen ja wahrscheinlich gesondert nicht untersucht werden, da sie ja höhere und weitere Bedeutung haben, aber manchmal muß man es tun; es fällt mir ein Wettrennen ein, bei dem, wie es auch richtig ist jeder Teilnehmer überzeugt ist, daß er gewinnen wird, und das wäre auch möglich bei dem Reichtum des Lebens. Warum geschieht es nicht, trotzdem doch scheinbar jeder den Glauben hat? Weil sich der Nichtglauben nicht im «Glauben» äußert, sondern in der angewendeten «Rennmethode». So wie wenn etwa jemand fest davon überzeugt wäre, daß er gewinnen wird, aber daß er nur dadurch gewinnen wird, daß er vor der ersten Hürde ausbricht und nicht mehr zurückkehrt. Dem Schiedsrichter ist klar, daß der Mann nicht gewinnen wird, wenigstens auf dieser Ebene nicht, und es muß sehr lehrreich sein, zuzusehn, wie der Mann von allem Anfang an alles darauf anlegt auszubrechen und alles mit tiefem Ernst. *An Max Brod, 2. März 1919*

Man kann Pädagogik wesentlich für wirkliche Arbeit nicht lernen, man kann aber an der Hand eines vernünftigen pädagogischen Buches die eigenen pädagogischen Fähigkeiten aufrühren, kennen lernen und messen; mehr kann ein Buch nicht und mehr soll man von ihm nicht erwarten.
An Felice Bauer, 18. September 1916

Der Sprachunterricht kann begründet werden auf der Feststellung, daß es sich hier um die erste Stufe angewandter Menschenliebe handelt, die sich äußert in der Verwirklichung innerlicher Gastfreundschaft, in der Loslösung von der Beschränktheit des eigenen Empfindens, in dem Eindringen in fremde Anschauungswelt, also im Wachsen an Toleranz und Bescheidenheit. Ohne das Erleben dessen ist durch bloßes Anlernen der Sprache wenig erreicht. Das sieht man an den unversöhnlichen Gegensätzen, die innerhalb der gleichen Sprachgemeinschaft herrschen, z. B. unter den Ständen oder verschiedenen Generationen. In diesem Sinne ist auch Aneignung der Sprache des Sprachgenossen nötig. *An Felice Bauer, 25. September 1916*

Im gewöhnlichen Geschichtsunterricht ist ein Mißbrauch der Morallehre sowohl, als auch der Geschichte sehr häufig. Die üblichen Versuche, die Geschichte als das Beweismaterial des Satzes: Die Weltgeschichte ist das Weltgericht hinzustellen, sind verfehlt und gefährlich. Man soll vielmehr unter Verzicht auf die an sich unmögliche historische Beweisführung sich nur auf die psychologische Darstellung der Verwüstung beschränken, welche die Gewalt in der Seele des Täters und des Vergewaltigten anrichtet. Nur auf diese Weise kann man den blendenden Schein des historischen Geschehens machtlos machen.

An Felice Bauer, 25. September 1916

Der Lehrer hat die wahre, der Schüler die fortwährende Zweifellosigkeit. *Oktavhefte, 2. Januar 1918*

Es ist so wie wenn der beste Schüler feierlich am Schluß des Jahres eine Prämie bekommen soll und in der erwartungsvollen Stille der schlechteste Schüler infolge eines Hörfehlers aus seiner schmutzigen letzten Bank hervorkommt und die ganze Klasse losplatzt. Und es ist vielleicht gar kein Hörfehler, sein Name wurde wirklich genannt, die Belohnung des Besten soll nach der Absicht des Lehrers gleichzeitig eine Bestrafung des Schlechtesten sein.

An Robert Klopstock, 6. Juni 1921

Das Lächerliche in der Erklärung und Bekämpfung von Max und Moritz. *Tagebuch, 8. Oktober 1916*

Wut hat ein Kind, wenn sein Kartenhaus einstürzt, weil ein Erwachsener den Tisch rückt. Aber das Kartenhaus ist doch nicht eingestürzt, weil der Tisch gerückt wurde, sondern weil es ein Kartenhaus war. Ein wirkliches Haus stürzt nicht ein, selbst wenn der Tisch zu Brennholz zerhackt wird, es braucht überhaupt kein fremdes Fundament.

An Max Brod, 6. September 1923

In Schlagworten – und deshalb mit einer der Wahrheit nicht ganz entsprechenden Härte – kann ich meine Stellung etwa so umschreiben: Ich, der ich meistens unselbständig war, habe ein unendliches Verlangen nach Selbständigkeit, Unabhängigkeit, Freiheit nach allen Seiten; lieber Scheuklappen anziehn und meinen Weg bis zum Äußersten gehn, als daß sich das heimatliche Rudel um mich dreht und mir den Blick zerstreut. Deshalb wird jedes Wort, das ich zu meinen Eltern oder sie zu mir sagen, so leicht zu einem Balken, der mir vor die Füße fliegt. Alle Verbindung, die ich mir nicht selbst schaffe, sei es selbst gegen Teile meines Ich, ist wertlos, hindert mich am Gehn, ich hasse sie oder bin nahe daran sie zu hassen. Der Weg ist lang, die Kraft ist klein, es gibt übergenug Grund für solchen Haß. Nun stamme ich aber aus meinen Eltern, bin mit ihnen und den Schwestern im Blut verbunden, fühle das im gewöhnlichen Leben und infolge der notwendigen Verranntheit in meine besonderen Absichten nicht, achte es aber im Grunde mehr als ich weiß. Das eine Mal verfolge ich auch das mit meinem Haß; der Anblick des Ehebettes Zuhause, der gebrauchten Bettwäsche, der sorgfältig hingelegten Nachthemden kann mich bis nahe zum Erbrechen reizen, kann mein Inneres nach außen kehren, es ist, als wäre ich nicht endgiltig geboren, käme immer wieder aus diesem dumpfen Leben in dieser dumpfen Stube zur Welt, müsse mir dort immer wieder Bestätigung holen, sei mit diesen widerlichen Dingen, wenn nicht ganz und gar, so doch zum Teil unlöslich verbunden, noch an den laufenwollenden Füßen hängt es wenigstens, sie stecken noch im ersten formlosen Brei. Das ist das eine Mal. Das andere Mal weiß ich aber wieder, daß es doch meine Eltern sind, notwendige, immer wieder Kraft gebende Bestandteile meines eigenen Wesens, nicht nur als Hindernis, sondern auch als Wesen zu mir gehörig. Dann will ich sie so haben, wie man das Beste haben will; habe ich seit jeher in aller Bosheit, Unart, Eigensucht, Lieblosigkeit doch vor ihnen gezittert – und tue es eigentlich noch heute, denn damit kann man doch niemals aufhören – und haben sie, Vater von der einen Seite, Mutter von der andern, meinen Willen, wiederum notwendiger Weise, fast gebrochen, so will ich sie dessen würdig sehn. *An Felice Bauer, 19. Oktober 1916*

II Identität und Erfahrung

Es ist sehr leicht am Anfang des Sommers lustig zu sein. Man hat ein lebhaftes Herz, einen leidlichen Gang und ist dem künftigen Leben ziemlich geneigt. Man erwartet Orientalisch-Merkwürdiges und leugnet es wieder mit komischer Verbeugung und mit baumelnder Rede, welches bewegte Spiel behaglich und zitternd macht. Man sitzt im durcheinandergeworfenen Bettzeug und schaut auf die Uhr. Sie zeigt den späten Vormittag. Wir aber malen den Abend mit gut gedämpften Farben und Fernsichten, die sich ausdehnen. Und wir reiben unsere Hände vor Freude roth, weil unser Schatten lang und so schön abendlich wird. Wir schmücken uns in der innern Hoffnung, daß der Schmuck unsere Natur werden wird. Und wenn man uns nach unserm beabsichtigten Leben fragt, so gewöhnen wir uns im Frühjahr eine ausgebreitete Handbewegung als Antwort an, die nach einer Weile sinkend wird, als sei es so lächerlich unnöthig, sichere Dinge zu beschwören. *Brief an Max Brod, 28. August 1904*

Wir werden förmlich von einer wehenden Luft nach ihrem Belieben getragen und es muß nicht ohne Scherzhaftigkeit sein, wenn wir uns im Luftzug an die Stirne greifen oder uns durch gesprochene Worte zu beruhigen suchen, die dünnen Fingerspitzen an die Knie gepreßt. Während wir sonst bis zu einem gewissen Maße höflich genug sind, von einer Klarheit über uns nichts wissen zu wollen, geschieht es jetzt, daß wir sie mit einer gewissen Schwäche suchen, freilich in der

Weise, mit der wir zum Spaße so thun als wollten wir mit Anstrengung kleine Kinder fangen, die langsam vor uns trippeln. Wir durchwühlen uns wie ein Maulwurf und kommen ganz geschwärzt und sammethaarig aus unsern verschütteten Sandgewölben[,] unsere armen rothen Füßchen für zartes Mitleid emporgestreckt. *An Max Brod, 28. August 1904*

Aber durch Klagen schüttelt man keine Mühlsteine vom Halse, besonders wenn man sie lieb hat.

An Oskar Pollak, 8. November 1903

Ein Vorteil des Tagebuchführens besteht darin, daß man sich mit beruhigender Klarheit der Wandlungen bewußt wird, denen man unaufhörlich unterliegt, die man auch im allgemeinen natürlich glaubt, ahnt und zugesteht, die man aber unbewußt immer dann leugnet, wenn es darauf ankommt, sich aus einem solchen Zugeständnis Hoffnung oder Ruhe zu holen. Im Tagebuch findet man Beweise dafür, daß man selbst in Zuständen, die heute unerträglich scheinen, gelebt, herumgeschaut und Beobachtungen aufgeschrieben hat, daß also diese Rechte sich bewegt hat wie heute, wo wir zwar durch die Möglichkeit des Überblickes über den damaligen Zustand klüger sind, darum aber desto mehr die Unerschrockenheit unseres damaligen in lauter Unwissenheit sich dennoch erhaltenden Strebens anerkennen müssen. *Tagebuch, 23. Dezember 1911*

Bei einem gewissen Stande der Selbsterkenntnis und bei sonstigen für die Beobachtung günstigen Begleitumständen wird es regelmäßig geschehn müssen, daß man sich abscheulich findet. Jeder Maßstab des Guten – mögen die Meinungen darüber noch so verschieden sein – wird zu groß erscheinen. Man wird einsehn, daß man nichts anderes ist als ein Rattenloch elender Hintergedanken. Nicht die geringste Handlung wird von diesen Hintergedanken frei sein. Diese Hintergedanken werden so schmutzig sein, daß man sie im Zustand der Selbstbeobachtung zunächst nicht einmal wird durchdenken wollen, sondern sich von der Ferne mit ihrem Anblick begnügen wird. Es wird sich bei diesen Hintergedanken nicht etwa bloß um Eigennützigkeit handeln, Eigennützigkeit wird ihnen gegenüber als ein Ideal des Guten und Schönen erscheinen. Der Schmutz, den man finden wird, wird um seiner selbst willen da sein, man wird erkennen, daß man triefend von dieser Belastung auf die Welt gekommen ist und durch sie unkenntlich oder allzu gut erkennbar wieder abgehn wird. Dieser Schmutz wird der unterste Boden sein, den man finden wird, der unterste Boden wird nicht etwa Lava enthalten, sondern Schmutz. Er wird das unterste und das oberste sein und selbst die Zweifel der Selbstbeobachtung werden bald so schwach und selbstgefällig werden, wie das Schaukeln eines Schweines in der Jauche. *Tagebuch, 7. Februar 1915*

Denn wir sind wie Baumstämme im Schnee. Scheinbar liegen sie glatt auf, und mit kleinem Anstoß sollte man sie wegschieben können. Nein, das kann man nicht, denn sie sind fest mit dem Boden verbunden. Aber sieh, sogar das ist nur scheinbar. *Die Bäume, 1912*

Dieser Flaschenzug im Innern. Ein Häkchen rückt vorwärts, irgendwo im Verborgenen, man weiß es kaum im ersten Augenblick, und schon ist der ganze Apparat in Bewegung. Einer unfaßbaren Macht unterworfen, so wie die Uhr der Zeit unterworfen scheint, knackt es hier und dort und alle Ketten rasseln eine nach der andern ihr vorgeschriebenes Stück herab. *Tagebuch, 21. Juli 1913*

Warum ist das Klagen sinnlos? Klagen heißt Fragen stellen und Warten bis Antwort kommt. Fragen aber die sich nicht selbst im Entstehen beantworten werden niemals beantwortet. Es gibt keine Entfernungen zwischen Fragesteller und Antwortgeber. Es sind keine Entfernungen zu überwinden. Daher Fragen und Warten sinnlos. *Tagebuch, 28. September 1915*

Übelkeit nach zuviel Psychologie. Wenn einer gute Beine hat und an die Psychologie herangelassen wird, kann er in kurzer Zeit und in beliebigem Zickzack Strecken zurücklegen, wie auf keinem andern Feld. Da gehen einem die Augen über [.] *Oktavhefte, Spätsommer 1917*

Erkenne dich selbst, bedeutet nicht: Beobachte dich. Beobachte dich ist das Wort der Schlange. Es bedeutet: Mache dich zum Herrn deiner Handlungen. Nun bist du es aber schon, bist Herr deiner Handlungen. Das Wort bedeutet also: Verkenne dich! Zerstöre dich! also etwas Böses und nur wenn man sich sehr tief hinabbeugt, hört man auch sein Gutes, welches lautet: «um dich zu dem zu machen, der du bist.» *Oktavhefte, 23. Oktober 1917*

Selbsterkenntnis hat nur das Böse. *Oktavhefte, 21. November 1917*

Geständnis und Lüge ist das Gleiche. Um gestehen zu können, lügt man. Das was man ist kann man nicht ausdrücken, denn dieses ist man eben; mitteilen kann man nur das was man nicht ist, also die Lüge. Erst im Chor mag eine gewisse Wahrheit liegen.
Notizhefte, Ende 1920

Ewige Jugend ist unmöglich; selbst wenn kein anderes Hindernis wäre, die Selbstbeobachtung machte sie unmöglich [.]
Tagebuch, 10. April 1922

Heiraten, eine Familie gründen, alle Kinder, welche kommen wollen, hinnehmen, in dieser unsichern Welt erhalten und gar noch ein wenig führen ist meiner Überzeugung nach das Äußerste, das einem Menschen überhaupt gelingen kann. Daß es scheinbar so vielen leicht gelingt, ist kein Gegenbeweis, denn erstens gelingt es tatsächlich nicht vielen und zweitens «tun» es diese Nichtvielen meistens nicht, sondern es geschieht bloß mit ihnen; das ist zwar nicht jenes Äußerste, aber doch noch sehr groß und sehr ehrenvoll (besonders da sich «tun» und «geschehn» nicht rein von einander scheiden lassen). Und schließlich handelt es sich auch gar nicht um dieses Äußerste, sondern nur um irgendeine ferne, aber anständige Annäherung; es ist doch nicht notwendig mitten in die Sonne hineinzufliegen, aber doch bis zu einem reinen Plätzchen auf der Erde hinzukriechen, wo manchmal die Sonne hinscheint und man sich ein wenig wärmen kann.
An Hermann Kafka, November 1919

Das Negative allein kann, wenn es noch so stark ist, nicht genügen, wie ich in meinen unglücklichsten Zeiten glaube. Denn wenn ich nur die kleinste Stufe erstiegen habe, in irgendeiner sei es auch der fragwürdigsten Sicherheit bin, strecke ich mich aus und warte bis das Negative – nicht etwa mir nachsteigt – sondern die kleine Stufe mich hinabreißt. Darum ist es ein Abwehrinstinkt, der die Herstellung des kleinsten dauernden Behagens für mich nicht duldet und z. B. das Ehebett zerschlägt, ehe es noch aufgestellt ist [.]

Tagebuch, 31. Januar 1922

Wenn ich mich auf mein Endziel hin prüfe, so ergibt sich, daß ich nicht eigentlich danach strebe, ein guter Mensch zu werden und einem höchsten Gericht zu entsprechen, sondern, sehr gegensätzlich, die ganze Menschen- und Tiergemeinschaft zu überblicken, ihre grundlegenden Vorlieben, Wünsche, sittlichen Ideale zu erkennen, sie auf einfache Vorschriften zurückzuführen, und mich in dieser Richtung möglichst bald dahin zu entwickeln, daß ich durchaus allen wohlgefällig würde, und zwar (hier kommt der Sprung) so wohlgefällig, daß ich, ohne die allgemeine Liebe zu verlieren, schließlich, als der einzige Sünder, der nicht gebraten wird, die mir innewohnenden Gemeinheiten offen, vor aller Augen, ausführen dürfte. Zusammengefaßt kommt es mir also nur auf das Menschengericht an und dieses will ich überdies betrügen, allerdings ohne Betrug.

An Felice Bauer, 30. September/1. Oktober 1917

Es ist nicht Trägheit, böser Wille, Ungeschicklichkeit – wenn auch von alledem etwas dabei ist, weil «das Ungeziefer aus dem Nichts geboren wird» – welche mir alles mißlingen oder nicht einmal mißlingen lassen: Familienleben, Freundschaft, Ehe, Beruf, Literatur, sondern es ist der Mangel des Bodens, der Luft, des Gebotes. Diesen zu schaffen ist meine Aufgabe, nicht damit ich dann das Versäumte etwa nachholen kann, sondern damit ich nichts versäumt habe, denn die Aufgabe ist so gut wie eine andere. Es ist sogar die ursprünglichste Aufgabe oder zumindest ihr Abglanz, so wie man beim Ersteigen einer luftdünnen Höhe plötzlich in den Schein der fernen Sonne treten kann. Es ist das auch keine ausnahmsweise Aufgabe, sie ist gewiß schon oft gestellt worden, ob allerdings in solchem Ausmaß weiß ich nicht. Ich habe von den Erfordernissen des Lebens gar nichts mitgebracht, so viel ich weiß, sondern nur die allgemeine menschliche Schwäche, mit dieser – in dieser Hinsicht ist es eine riesenhafte Kraft – habe ich das Negative meiner Zeit, die mir ja sehr nahe ist, die ich nie zu bekämpfen sondern gewissermaßen zu vertreten das Recht habe, kräftig aufgenommen. An dem geringen Positiven sowie an dem äußersten, zum Positiven umkippenden Negativen hatte ich keinen ererbten Anteil. Ich bin nicht von der allerdings schon schwer sinkenden Hand des Christentums ins Leben geführt worden wie Kierkegaard und habe nicht den letzten Zipfel des davonfliegenden jüdischen Gebetmantels noch gefangen wie die Zionisten. Ich bin Ende oder Anfang.

Oktavhefte, 25. Februar 1918

Nach Selbstbeherrschung strebe ich nicht. Selbstbeherrschung heißt an einer zufälligen Stelle der unendlichen Ausstrahlungen meiner geistigen Existenz wirken wollen. Muß ich aber solche Kreise um mich ziehn, auf solche Wanderschaft gehen, tue ich es besser untätig im bloßen Anstaunen des ungeheuerlichen Komplexes und nehme nur die Stärkung, die dieser Anblick e contrario gibt mit nach Hause.

Oktavhefte, 23. November 1917

Wir dürfen den Willen, die Peitsche, mit eigener Hand über uns schwingen. *Tagebuch, 8. Oktober 1916*

Von einem gewissen Punkt gibt es keine Rückkehr mehr. Dieser Punkt ist zu erreichen. *Oktavhefte, 20. Oktober 1917*

Leben heißt in der Mitte des Lebens sein; mit dem Blick das Leben sehn, in dem ich es erschaffen habe.

Oktavhefte, 11. Februar 1918

Arbeit als Freude, unzugänglich den Psychologen.

Oktavhefte, Spätsommer 1917

Du bist die Aufgabe. Kein Schüler weit und breit.

Oktavhefte, 12. November 1917

Das Gesetz der Quadrille ist klar, alle Tänzer kennen es, es gilt für alle Zeiten. Aber irgendeine der Zufälligkeiten des Lebens die nie geschehen dürften, aber immer wieder geschehn bringt dich allein zwischen die Reihen. Vielleicht verwirren sich dadurch auch die Reihen selbst, aber das weißt du nicht, du weißt nur von deinem Unglück.

Oktavhefte, 16. Januar 1918

Freiheit und Gebundenheit ist im wesentlichen Sinn eines. In welchem wesentlichen Sinne? Nicht in dem Sinn, daß der Sklave die Freiheit nicht verlieren kann, also in gewisser Hinsicht freier ist als der Freie. *Oktavhefte, 10. Februar 1918*

Die Enge des Bewußtseins ist eine sociale Forderung. Alle Tugenden sind individuell, alle Laster social; was als sociale Tugend gilt, etwa Liebe, Uneigennützigkeit, Gerechtigkeit, Opfermut, sind nur «erstaunlich» abgeschwächte sociale Laster. *Tagebuch, 19. Februar 1920*

Theoretisch gibt es eine vollkommene Glücksmöglichkeit: An das Unzerstörbare in sich glauben und nicht zu ihm streben. *Oktavhefte, 19. Dezember 1917*

Wenn einer im Unglück glücklich ist, so heißt das zunächst, daß er den Gleichschritt mit der Welt verloren hat, es heißt aber weiter, daß ihm alles zerfallen ist oder zerfällt, daß keine Stimme ungebrochen ihn mehr erreicht und er daher keiner aufrichtig folgen kann. *An Max Brod, 12. Oktober 1917*

Die Kontemplation und die Tätigkeit haben ihre Scheinwahrheit; aber erst die von der Kontemplation ausgesendete oder vielmehr die zu ihr zurückkehrende Tätigkeit ist die Wahrheit. *Oktavhefte, 22. Februar 1918*

Du kannst dich zurückhalten von den Leiden der Welt, das ist dir freigestellt und entspricht deiner Natur, aber vielleicht ist gerade dieses Zurückhalten das einzige Leid, das Du vermeiden könntest. *Oktavhefte, 22. Februar 1918*

Ein Mensch hat freien Willen und zwar dreierlei: Er war frei, als er dieses Leben wollte, jetzt kann er es allerdings nicht mehr rückgängig machen, denn er ist nicht mehr jener der es damals wollte, es wäre denn insoweit als er doch seinen damaligen Willen ausführt indem er lebt. Er ist zweitens frei, indem er die Gangart und den Weg dieses Lebens wählen kann. Er ist drittens frei, indem er als derjenige, der er einmal wieder sein wird, den Willen hat, sich unter jeder Bedingung durch das Leben gehn und auf diese Weise zu sich kommen zu lassen undzwar auf einem zwar wählbaren, aber jedenfalls derartig labyrint[h]ischen Weg, daß er kein Fleckchen dieses Lebens unberührt läßt. Das ist das dreierlei des freien Willens, es ist aber auch, da es gleichzeitig ist, ein Einerlei und ist im Grunde so sehr Einerlei, daß es keinen Platz hat für einen Willen, weder für einen freien noch unfreien. *Oktavhefte, 22. Februar 1918*

Die Erfindungen eilen uns voraus, wie die Küste dem von seiner Maschine unaufhörlich erschütterten Dampfer vorauseilt. Die Erfindungen leisten alles was geleistet werden kann. Ein Unrecht etwa zu sagen: das Flugzeug fliegt nicht so wie der Vogel oder: niemals werden wir imstande sein einen lebendigen Vogel zu schaffen. Gewiß nicht, aber der Fehler liegt im Einwand, so wie wenn vom Dampfer verlangt würde, trotz geraden Kurses immer wieder die erste Station anzufahren. Ein Vogel kann nicht durch einen ursprünglichen Akt geschaffen werden, denn er ist schon geschaffen, entsteht auf Grund des ersten Schöpfungsaktes immer wieder und es ist unmöglich in diese auf Grund eines ursprünglichen unaufhörlichen Willens geschaffene und lebende und weitersprühende Reihe einzubrechen, so wie es in einer Sage heißt, daß zwar das erste Weib aus der Rippe des Mannes geschaffen wurde, daß sich das aber niemals mehr wiederholt hat, sondern daß von da ab die Männer immer die Töchter anderer zum Weib nehmen. Die Methode und Tendenz der Schöpfung des Vogels – darauf kommt es an – und des Flugzeugs muß aber nicht verschieden sein und die Auslegung der Wilden, welche Gewehrschuß und Donner verwechseln kann eine begrenzte Wahrheit haben. *Oktavhefte, 24. Februar 1918*

Niemand schafft hier mehr als seine geistige Lebensmöglichkeit; daß es den Anschein hat, als arbeite er für seine Ernährung, Kleidung u.s.w. ist nebensächlich, es wird ihm eben mit jedem sichtbaren Bissen auch ein unsichtbarer, mit jedem sichtbaren Kleid auch ein unsichtbares Kleid u.s.f. gereicht. Das ist jedes Menschen Rechtfertigung. Es hat den Anschein als unterbaue er seine Existenz mit nachträglichen Rechtfertigungen, das ist aber nur psychologische Spiegelschrift, tatsächlich errichtet er sein Leben auf seinen Rechtfertigungen. Allerdings muß jeder Mensch sein Leben rechtfertigen können (oder seinen Tod, was dasselbe ist), dieser Aufgabe kann er nicht ausweichen.

Oktavhefte, 25. Februar 1918

Wir sehen jeden Menschen sein Leben leben (oder seinen Tod sterben). Ohne innere Rechtfertigung wäre diese Leistung nicht möglich, kein Mensch kann ein ungerechtfertigtes Leben leben. Das verführt zu der Meinung, daß der Mensch sein Leben mit Rechtfertigungen unterbaut.

Oktavhefte, 25. Februar 1918

Es ist nicht notwendig, daß du aus dem Hause gehst. Bleib bei deinem Tisch und horche. Horche nicht einmal, warte nur. Warte nicht einmal, sei völlig still und allein. Anbieten wird sich dir die Welt zur Entlarvung, sie kann nicht anders, verzückt wird sie sich vor Dir winden.

Oktavhefte, 26. Februar 1918

Dieses Voraussagen, dieses sich nach Beispielen richten, diese bestimmte Angst ist lächerlich. Das sind Konstruktionen, die selbst in der Vorstellung in der allein sie herrschen, nur fast bis zur lebendigen Oberfläche kommen, aber immer mit einem Ruck überschwemmt werden müssen. Wer hat die Zauberhand, daß er sie in die Maschinerie steckte und sie würde nicht durch tausend Messer zerrissen und verstreut.

Tagebuch, 21. November 1913

Meistens wohnt der den man sucht nebenan. Zu erklären ist dies nicht ohne weiters, man muß es zunächst als Erfahrungstatsache hinnehmen. Sie ist so tief begründet daß man sie nicht verhindern kann, selbst wenn man es darauf anlegt. Das kommt daher daß man von diesem gesuchten Nachbar nicht weiß. Man weiß nämlich weder daß man ihn sucht, noch daß er daneben wohnt, dann aber wohnt er ganz gewiß daneben. Die allgemeine Erfahrungstatsache als solche darf man natürlich kennen, diese Kenntnis stört nicht im allermindesten, selbst wenn man sie absichtlich sich immer gegenwärtig hält.

Tagebuch, 2. August 1917

Von außen gesehn ist es schrecklich erwachsen aber jung zu sterben oder gar sich zu töten. In gänzlicher Verwirrung, die innerhalb einer weiteren Entwicklung Sinn hätte, abzugehn, hoffnungslos oder mit der einzigen Hoffnung, daß dieses Auftreten im Leben innerhalb der großen Rechnung als nicht geschehen betrachtet werden wird. In einer solchen Lage wäre ich jetzt. Sterben hieße nichts anderes als ein Nichts dem Nichts hingeben, aber das wäre dem Gefühl unmöglich, denn wie könnte man sich auch nur als Nichts mit Bewußtsein dem Nichts hingeben, und nicht nur einem leeren Nichts sondern einem brausenden Nichts, dessen Nichtigkeit nur in seiner Unfaßbarkeit besteht.

Tagebuch, 4. Dezember 1913

Er ist bei keinem Anlaß genügend vorbereitet, kann sich deshalb aber nicht einmal Vorwürfe machen, denn wo wäre in diesem Leben, das so quälend in jedem Augenblick bereitsein verlangt, Zeit sich vorzubereiten und selbst wenn Zeit wäre, könnte man sich denn vorbereiten, ehe man die Aufgabe kennt d. h. kann man überhaupt eine natürliche, eine nicht nur künstlich zusammengestellte Aufgabe bestehn? Deshalb ist er auch schon längst unter den Rädern, merkwürdiger aber auch tröstlicher Weise war er darauf am wenigsten vorbereitet. *Tagebuch, 13. Januar 1920*

Das Leben ist eine fortwährende Ablenkung, die nicht einmal zur Besinnung darüber kommen läßt, wovon sie ablenkt. *Notizheft, November 1920*

Er hat den Archimedischen Punkt gefunden, hat ihn aber gegen sich ausgenützt, offenbar hat er ihn nur unter dieser Bedingung finden dürfen. *Tagebuch, 13. Januar 1920*

Der Mensch ist eine ungeheure Sumpffläche. Ergreift ihn Begeisterung, so ist es im Gesamtbild so wie wenn irgendwo in einem Winkel dieses Sumpfes ein kleiner Frosch in das grüne Wasser plumpst. *Notizheft, November 1920*

Sein Ermatten ist das des Gladiators nach dem Kampf, seine Arbeit war das Weißtünchen eines Winkels in einer Beamtenstube. *Oktavhefte, 24. November 1917*

Er fühlt sich auf dieser Erde gefangen, ihm ist eng, die Trauer, die Schwäche, die Krankheiten, die Wahnvorstellungen der Gefangenen brechen bei ihm aus, kein Trost kann ihn trösten, weil es eben nur Trost ist, zarter kopfschmerzender Trost gegenüber der groben Tatsache des Gefangenseins. Fragt man ihn aber, was er eigentlich haben will, kann er nicht antworten denn er hat – das ist einer seiner stärksten Beweise – keine Vorstellung von Freiheit.

Tagebuch, 17. Januar 1920

Er hat zwei Gegner, der Erste bedrängt ihn von rückwärts vom Ursprung her, der Zweite verwehrt ihm den Weg nach vorne. Er kämpft mit beiden. Eigentlich unterstützt ihn der Erste im Kampf mit dem Zweiten, denn er will ihn nach vorne drängen und ebenso unterstützt ihn der Zweite im Kampf mit dem Ersten, denn er treibt ihn doch zurück. So ist es aber nur teoretisch, denn es sind ja nicht nur die 2 Gegner da, sondern auch noch er selbst und wer kennt eigentlich seine Absichten? *Tagebuch, 17. Januar 1920*

Es gibt im gleichen Menschen Erkenntnisse, die bei völliger Verschiedenheit doch das gleiche Objekt haben, so daß wieder nur auf verschiedene Subjekte im gleichen Menschen rückgeschlossen werden kann. *Oktavhefte, 23. Dezember 1917*

Er lebt nicht wegen seines persönlichen Lebens, er denkt nicht wegen seines persönlichen Denkens. Ihm ist als lebe und denke er unter der Nötigung einer Familie die zwar selbst überreich an Lebens- und Denkkraft ist, für die er aber nach irgendeinem ihm unbekannten Gesetz eine formelle Notwendigkeit bedeutet. Wegen dieser unbekannten Familie und dieser unbekannten Gesetze kann er nicht entlassen werden. *Tagebuch, 15. Februar 1920*

Es ist etwa so, wie wenn jemand vor jedem einzelnen Spaziergang nicht nur sich waschen, kämmen u. s. w. müßte – schon das ist ja mühselig genug – sondern auch noch, da ihm vor jedem Spaziergang alles Notwendige immer wieder fehlt, auch noch das Kleid nähn, die Stiefel zusammenschustern, den Hut fabricieren, den Stock zurechtschneiden u. s. w. Natürlich kann er das alles nicht gut machen, es hält vielleicht paar Gassen lang, aber auf dem Graben z. B. fällt plötzlich alles auseinander und er steht nackt da mit Fetzen und Bruchstücken. Diese Qual nun, auf den Altstädter Ring zurückzulaufen! Und am Ende stößt er noch in der Eisengasse auf einen Volkshaufen, welcher auf Juden Jagd macht.

An Milena Pollak, November 1920

Die Unersättlichsten sind manche Asketen, sie machen Hungerstrike auf allen Gebieten des Lebens und wollen dadurch gleichzeitig Folgendes erreichen:
1.) eine Stimme soll sagen: Genug, Du hast genug gefastet, jetzt darfst Du essen wie die andern und es wird nicht als Essen angerechnet werden
2.) die gleiche Stimme soll gleichzeitig sagen: Jetzt hast Du solange unter Zwang gefastet, von jetzt an wirst Du mit Freude fasten, es wird süßer als Speise sein (gleichzeitig aber wirst Du auch wirklich essen)
3.) die gleiche Stimme soll gleichzeitig sagen: Du hast die Welt besiegt, ich enthebe Dich ihrer, des Essens und des Fastens (gleichzeitig aber wirst Du sowohl fasten als essen).

Zudem kommt noch eine seit jeher zu ihnen redende unablässige Stimme: Du fastest zwar nicht vollständig, aber Du hast den guten Willen, und der genügt.

Notizheft, November 1920

Die Kräfte des Menschen sind nicht als ein Orchester gedacht. Hier müssen vielmehr alle Instrumente spielen, immerfort, mit aller Kraft. Es ist ja nicht für menschliche Ohren bestimmt und die Länge eines Konzertabends, innerhalb dessen jedes Instrument auf Geltendmachung hoffen kann, steht nicht zur Verfügung. *Notizheft, 15. September 1920*

Es ist ein Mandat. Ich kann meiner Natur nach nur ein Mandat übernehmen, das niemand mir gegeben hat. In diesem Widerspruch, immer nur in einem Widerspruch kann ich leben. Aber wohl jeder, denn lebend stirbt man, sterbend lebt man. So wie zum Beispiel der Zirkus von einer Leinwand umspannt ist, also niemand, der nicht innerhalb dieser Leinwand ist, etwas sehen kann. Nun findet aber jemand ein kleines Loch in der Leinwand und kann doch von außen zusehn. Allerdings muß er dort geduldet werden. Wir alle werden einen Augenblick lang so geduldet. Allerdings – zweites allerdings – meist sieht man durch ein solches Loch nur den Rücken der Stehplatzbesucher. Allerdings – drittes allerdings – die Musik hört man jedenfalls, auch das Brüllen der Tiere. Bis man endlich ohnmächtig vor Schrecken in die Arme des Polizisten zurückfällt, der von Berufs wegen den Zirkus umgeht und nur leise mit der Hand dir auf die Schulter geklopft hat, um dich auf das Ungehörige eines solchen gespannten Zusehns, für das du nichts gezahlt hast, aufmerksam zu machen. *Notizhefte, 15. September 1920*

Das ist ein Leben zwischen Kulissen. Es ist hell, das ist ein Morgen im Freien, dann wird gleich dunkel und es ist schon Abend. Das ist kein komplizierter Betrug, aber man muß sich fügen, solange man auf den Brettern steht. Nur ausbrechen darf man, wenn man die Kraft hat, gegen den Hintergrund zu, die Leinwand durchschneiden und zwischen den Fetzen des gemalten Himmels durch, über einiges Gerümpel hinweg in die wirkliche enge dunkle feuchte Gasse sich flüchten, die zwar noch immer wegen der Nähe des Teaters Teatergasse heißt, aber wahr ist und alle Tiefen der Wahrheit hat. *Notizhefte, Ende 1920*

Mit welchem Recht erschrecke ich, der ich nicht zuhause war, daß das Haus plötzlich zusammenbricht; weiß ich denn, was dem Zusammenbruch vorhergegangen ist, bin ich nicht ausgewandert und habe das Haus allen bösen Mächten überlassen?
An Max Brod, 5. Juli 1922

Manchmal scheint es so: Du hast die Aufgabe, hast zu ihrer Ausführung so viel Kräfte als nötig sind (nicht zu viel, nicht zu wenig, du mußt sie zwar zusammenhalten, aber nicht ängstlich sein), Zeit ist dir genügend frei gelassen, den guten Willen zur Arbeit hast du auch. Wo ist das Hindernis für das Gelingen der ungeheuren Aufgabe? Verbringe nicht die Zeit mit dem Suchen des Hindernisses, vielleicht ist keines da.
Notizheft, 16. September 1920

[...] man macht sich schon in der Gegenwart zum Kampfplatz der Zukunft, wie soll dann der zerwühlte Boden das Haus der Zukunft tragen? *An Milena Pollak, 8. Juli 1920*

Die Ursache dessen, daß das Urteil der Nachwelt über den Einzelnen richtiger ist als das der Zeitgenossen liegt im Toten. Man entfaltet sich in seiner Art erst nach dem Tode, erst wenn man allein ist. Das Totsein ist für den Einzelnen wie der Samstagabend für den Kaminfeger, sie waschen den Ruß vom Leibe. Es wird sichtbar ob die Zeitgenossen ihm oder er den Zeitgenossen mehr geschadet hat, im letzteren Fall war er ein großer Mann. *Tagebuch, 19. Februar 1920*

Daß noch der Konservativste die Radikalität des Sterbens aufbringt! *Notizheft, November 1920*

Den Tod wollen, die Schmerzen aber nicht, das ist ein schlechtes Zeichen. Sonst aber kann man den Tod wagen. Man ist eben als biblische Taube ausgeschickt worden, hat nichts Grünes gefunden und schlüpft nun wieder in die dunkle Arche. *An Milena Pollak, September 1920*

Der Tod ist vor uns, etwa wie im Schulzimmer an der Wand ein Bild der Alexanderschlacht. Es kommt darauf an durch unsere Taten noch in diesem Leben das Bild zu verdunkeln oder gar auszulöschen. *Oktavhefte, 25. Januar 1918*

III Geschlecht und Sexualität

Der Coitus als Bestrafung des Glückes des Beisammenseins. Möglichst asketisch leben, asketischer als ein Junggeselle, das ist die einzige Möglichkeit für mich, die Ehe zu ertragen.

Tagebuch, 14. August 1913

Coelibat und Selbstmord stehn auf ähnlicher Erkenntnisstufe, Selbstmord und Märtyrertum keineswegs, vielleicht Ehe und Märtyrertod. *Oktavhefte, 24. November 1917*

Eines der wirksamsten Verführungsmittel des Teuflischen ist die Aufforderung zum Kampf. Er ist wie der Kampf mit Frauen, der im Bett endet. *Oktavhefte, 20. Oktober 1917*

Die Frau, noch schärfer ausgedrückt vielleicht, die Ehe ist der Repräsentant des Lebens mit dem du dich auseinandersetzen sollst. Das Verführungsmittel dieser Welt sowie das Zeichen der Bürgschaft dafür, daß diese Welt nur ein Übergang ist, ist das gleiche. Mit Recht, denn nur so kann uns diese Welt verführen und es entspricht der Wahrheit. Das Schlimmste ist aber, daß wir nach geglückter Verführung die Bürgschaft vergessen und so eigentlich das Gute uns ins Böse, der Blick der Frau in ihr Bett uns gelockt hat [.]

Oktavhefte, 23. Februar 1918

Das Unzerstörbare ist eines, jeder einzelne Mensch ist es und gleichzeitig ist es allen gemeinsam. Daher die beispiellos untrennbare Verbindung der Menschen.

Oktavhefte, 23. Dezember 1917

Es gibt nichts anderes als eine geistige Welt; was wir sinnliche Welt nennen, ist das Böse in der geistigen.

Oktavhefte, 8. Dezember 1917

Die sinnliche Liebe täuscht über die himmlische hinweg, allein könnte sie es nicht, aber da sie das Element der himmlischen Liebe unbewußt in sich hat, kann sie es.

Oktavhefte, 13. Januar 1918

Dieser Trieb hatte etwas vom ewigen Juden, sinnlos gezogen sinnlos wandernd durch eine sinnlos schmutzige Welt.

An Milena Pollak, 8./9. August 1920

Ich rede nicht von den glücklichen, in dieser Hinsicht glücklichen Zeiten der Kindheit, als die Tür noch geschlossen war, hinter der das Gericht beriet (der alle Türen füllende Geschworenen-Vater ist seitdem längst hervorgetreten), später aber war es so, daß der Körper jedes zweiten Mädchens mich lockte, der Körper jenes Mädchens, in das ich (deshalb?) meine Hoffnung setzte, gar nicht.

An Max Brod, 13./14. April 1921

Die 5 Leitsätze zur Hölle: (genetische Aufeinanderfolge)
1.) «Hinter dem Fenster ist das Schlimmste.» Alles andere ist engelhaft, entweder ausdrücklich, oder bei Nichtbeachtung (der häufigere Fall) schweigend zugegeben
2.) «Du mußt jedes Mädchen besitzen!» nicht donjuanmäßig, sondern nach dem Teufelswort «sexuelle Etikette»
3.) «Dieses Mädchen darfst Du nicht besitzen!» und kannst es daher auch nicht. Himmlische Fata Morgana in der Hölle.
4.) «Alles ist nur Notdurft»; da Du sie hast, gib Dich zufrieden
5.) «Notdurft ist alles». Wie könntest Du alles haben? Infolgedessen hast Du nicht einmal die Notdurft.

Tagebuch, 10. April 1922

Als Junge war ich (und wäre es sehr lange geblieben, wenn ich nicht mit Gewalt auf sexuelle Dinge gestossen worden wäre) hinsichtlich sexueller Angelegenheiten so unschuldig und uninteressiert wie heute etwa hinsichtlich der Relativitätstheorie. Nur Kleinigkeiten (aber auch die erst nach genauer Belehrung) fielen mir auf, etwa daß gerade die Frauen, die mir auf der Gasse die schönsten und die schönstangezogenen schienen, schlecht sein sollten. *Tagebuch, 10. April 1922*

Warum also habe ich nicht geheiratet? Es gab einzelne Hindernisse wie überall, aber im Nehmen solcher Hindernisse besteht ja das Leben. Das wesentliche, vom einzelnen Fall leider unabhängige Hindernis war aber, daß ich offenbar geistig unfähig bin zu heiraten. Das äußert sich darin, daß ich von dem Augenblick an, wo ich mich entschließe zu heiraten nicht mehr schlafen kann, der Kopf glüht bei Tag und Nacht, es ist kein Leben mehr, ich schwanke verzweifelt herum. Es sind das nicht eigentlich Sorgen, die das verursachen, zwar laufen auch entsprechend meiner Schwerblütigkeit und Pedanterie unzählige Sorgen mit, aber sie sind nicht das entscheidende, sie vollenden zwar wie Würmer die Arbeit am Leichnam, aber entscheidend getroffen bin ich von anderem. Es ist der allgemeine Druck der Angst, der Schwäche, der Selbstmißachtung.

An Hermann Kafka, November 1919

Das Unglück des Junggesellen ist für die Umwelt, ob scheinbar oder wirklich, so leicht zu erraten, daß er, jedenfalls, wenn er aus Freude am Geheimnis Junggeselle geworden ist, seinen Entschluß verfluchen wird. Er geht zwar umher mit zugeknöpftem Rock die Hände in den hohen Rocktaschen, die Ellbogen spitz, den Hut tief im Gesicht, ein falsches schon eingeborenes Lächeln soll den Mund schützen, wie der Zwicker die Augen, die Hosen sind schmäler, als es an magern Beinen schön ist. Aber jeder weiß wie es um ihn steht, kann ihm aufzählen was er leidet. Kühle weht ihn aus seinem Innern an, in das er mit der noch traurigern andern Hälfte seines Doppelgesichtes hineinschaut. Er übersiedelt förmlich unaufhörlich, aber mit erwarteter Gesetzmäßigkeit. Je weiter er von den Lebenden wegrückt, für die er doch, und das ist der ärgste Spott, arbeiten muß, wie ein bewußter Sklave der sein Bewußtsein nicht äußern darf, ein desto kleinerer Raum wird für ihn als genügend befunden. Während die andern und seien sie ihr Leben lang auf dem Krankenbett gelegen, dennoch vom Tode niedergeschlagen werden müssen, denn wenn sie auch aus eigener Schwäche längst selbst gefallen wären, so halten sie sich doch an ihre liebenden starken gesunden Ehe-Verwandten, er, dieser Junggeselle bescheidet sich aus scheinbar eigenem Willen schon mitten im Leben auf einen immer kleineren Raum und stirbt er, ist ihm der Sarg gerade recht.

Tagebuch, 3. Dezember 1911

IV Literatur und Künstlerexistenz

Manches Buch wirkt wie ein Schlüssel zu fremden Sälen des eigenen Schlosses. *An Oskar Pollak, 8. November 1903*

Ich konnte eben keine Feder in die Hand nehmen während dieser Tage, denn wenn man so ein Leben überblickt, das sich ohne Lücke wieder und wieder höher türmt, so hoch, daß man es kaum mit seinen Fernrohren erreicht, da kann das Gewissen nicht zur Ruhe kommen. Aber es tut gut, wenn das Gewissen breite Wunden bekommt, denn dadurch wird es empfindlicher für jeden Biß. Ich glaube, man sollte überhaupt nur solche Bücher lesen, die einen beißen und stechen. Wenn das Buch, das wir lesen, uns nicht mit einem Faustschlag auf den Schädel weckt, wozu lesen wir dann das Buch? Damit es uns glücklich macht, wie Du schreibst? Mein Gott, glücklich wären wir eben auch, wenn wir keine Bücher hätten, und solche Bücher, die uns glücklich machen, könnten wir zur Not selber schreiben. Wir brauchen aber die Bücher, die auf uns wirken wie ein Unglück, das uns sehr schmerzt, wie der Tod eines, den wir lieber hatten als uns, wie wenn wir in Wälder verstoßen würden, von allen Menschen weg, wie ein Selbstmord, ein Buch muß die Axt sein für das gefrorene Meer in uns. Das glaube ich.

An Oskar Pollak, 27. Januar 1904

Schriftsteller reden Gestank. *Tagebuch, 1909*

Goethe hält durch die Macht seiner Werke die Entwicklung der deutschen Sprache wahrscheinlich zurück. Wenn sich auch die Prosa in der Zwischenzeit öfters von ihm entfernt, so ist sie doch schließlich, wie gerade gegenwärtig mit verstärkter Sehnsucht zu ihm zurückgekehrt und hat sich selbst alte bei Goethe vorfindliche sonst aber mit ihm nicht zusammenhängende Wendungen angeeignet, um sich an dem vervollständigten Anblick ihrer grenzenlosen Abhängigkeit zu erfreuen. *Tagebuch, 25. Dezember 1911*

Die verbreiteste Individualität der Schriftsteller besteht ja darin, daß jeder auf ganz besondere Weise sein Schlechtes verdeckt. *An Ernst Rowohlt, 14. August 1912*

Kein Wort fast das ich schreibe paßt zum andern, ich höre wie sich die Konsonanten blechern an einander reiben und die Vokale singen dazu wie Ausstellungsneger. Meine Zweifel stehn um jedes Wort im Kreis herum, ich sehe sie früher als das Wort, aber was denn! ich sehe das Wort überhaupt nicht, das erfinde ich. Das wäre ja noch das größte Unglück nicht, nur müßte ich dann Worte erfinden können, welche imstande sind, den Leichengeruch in einer Richtung zu blasen, daß er mir und dem Leser nicht gleich ins Gesicht kommt. Wenn ich mich zum Schreibtisch setze ist mir nicht wohler als einem der mitten im Verkehr des place de l'Opera fällt und beide Beine bricht. Alle Wagen streben trotz ihres Lärmens schweigend von allen Seiten nach allen Seiten, aber bessere Ordnung als die Schutzleute macht der Schmerz jenes Mannes, der ihm die Augen schließt und den Platz und die Gassen veröstet, ohne daß die Wagen umkehren müßten. Das viele Leben schmerzt ihn, denn er ist ja ein Verkehrshindernis, aber die Leere ist nicht weniger arg, denn sie macht seinen eigentlichen Schmerz los.

Tagebuch, 15. Dezember 1910

Sicher ist, daß ich alles, was ich im voraus selbst im guten Gefühl Wort für Wort oder sogar nur beiläufig aber in ausdrücklichen Worten erfunden habe, auf dem Schreibtisch beim Versuch des Niederschreibens, trocken, verkehrt, unbeweglich, der ganzen Umgebung hinderlich, ängstlich, vor allem aber lückenhaft erscheint, trotzdem von der ursprünglichen Erfindung nichts vergessen worden ist. Es liegt natürlich zum großen Teil daran, daß ich frei vom Papier nur in der Zeit der Erhebung, die ich mehr fürchte als ersehne, wie sehr ich sie auch ersehne, Gutes erfinde, daß dann aber die Fülle so groß ist, daß ich verzichten muß, blindlings also nehme nur dem Zufall nach, aus der Strömung heraus, griffweise, so daß diese Erwerbung beim überlegten Niederschreiben nichts ist im Vergleich zur Fülle, in der sie lebte, unfähig ist, diese Fülle herbeizubringen und daher schlecht und störend ist, weil sie nutzlos lockt.

Tagebuch, 15. November 1911

Die bestätigte Überzeugung, daß ich mich mit meinem Romanschreiben in schändlichen Niederungen des Schreibens befinde. Nur so kann geschrieben werden, nur in einem solchen Zusammenhang, mit solcher vollständigen Öffnung des Leibes und der Seele. *Tagebuch, 23. September 1912*

Anfang jeder Novelle zunächst lächerlich. Es scheint hoffnungslos, daß dieser neue noch unfertige überall empfindliche Organismus in der fertigen Organisation der Welt sich wird erhalten können, die wie jede fertige Organisation danach strebt sich abzuschließen. Allerdings vergißt man hiebei, daß die Novelle falls sie berechtigt ist, ihre fertige Organisation in sich trägt, auch wenn sie sich noch nicht ganz entfaltet hat; darum ist die Verzweiflung in dieser Hinsicht vor dem Anfang einer Novelle unberechtigt; ebenso müßten Eltern vor dem Säugling verzweifeln, denn dieses elende und besonders lächerliche Wesen hatten sie nicht auf die Welt bringen wollen. Allerdings weiß man niemals, ob die Verzweiflung die man fühlt die berechtigte oder die unberechtigte ist. Aber einen gewissen Halt kann diese Überlegung geben, das Fehlen dieser Erfahrung hat mir schon geschadet. *Tagebuch, 19. Dezember 1914*

Die Metaphern sind eines in dem Vielen, was mich am Schreiben verzweifeln läßt. *Tagebuch, 6. Dezember 1921*

Immer ängstlicher im Niederschreiben. Es ist begreiflich. Jedes Wort, gewendet in der Hand der Geister – dieser Schwung der Hand ist ihre charakteristische Bewegung – wird zum Spieß, gekehrt gegen den Sprecher. Eine Bemerkung wie diese ganz besonders. Und so ins Unendliche. Der Trost wäre nur: es geschieht ob Du willst oder nicht. Und was Du willst, hilft nur unmerklich wenig. Mehr als Trost ist: Auch Du hast Waffen. *Tagebuch, 12. Juni 1923*

In einer Selbstbiographie läßt es sich nicht vermeiden, daß sehr häufig dort wo «einmal» der Wahrheit gemäß gesetzt werden sollte, «öfters» gesetzt wird. Denn man bleibt sich immer bewußt, daß die Erinnerung aus dem Dunkel holt, das durch das Wort «einmal» zersprengt, durch das Wort «öfters» zwar auch nicht völlig geschont, aber wenigstens in der Ansicht des Schreibenden erhalten wird und ihn über Partien hinträgt, die vielleicht in seinem Leben sich gar nicht vorgefunden haben aber ihm einen Ersatz geben für jene, die er in seiner Erinnerung auch mit einer Ahnung nicht mehr berührt. *Tagebuch, 3. Januar 1912*

Von der Litteratur aus gesehen ist mein Schicksal sehr einfach. Der Sinn für die Darstellung meines traumhaften innern Lebens hat alles andere ins Nebensächliche gerückt und es ist in einer schrecklichen Weise verkümmert und hört nicht auf zu verkümmern. Nichts anderes kann mich jemals zufrieden stellen. Nun ist aber meine Kraft für jene Darstellung ganz unberechenbar, vielleicht ist sie schon für immer verschwunden, vielleicht kommt sie doch noch einmal über mich, meine Lebensumstände sind ihr allerdings nicht günstig. So schwanke ich also, fliege unaufhörlich zur Spitze des Berges, kann mich aber kaum einen Augenblick oben erhalten. Andere schwanken auch, aber in untern Gegenden, mit stärkeren Kräften; drohen sie zu fallen, so fängt sie der Verwandte auf, der zu diesem Zweck neben ihnen geht. Ich aber schwanke dort oben, es ist leider kein Tod, aber die ewigen Qualen des Sterbens. *Tagebuch, 6. August 1914*

Litteratur als Vorwurf ausgesprochen ist eine so starke Sprachverkürzung, daß sie – vielleicht lag von allem Anfang an Absicht darin – allmählich auch eine Denkverkürzung mit sich gebracht hat, welche die richtige Perspektive nimmt und den Vorwurf weit vor dem Ziele und weit abseits fallen läßt. *Tagebuch, 4. August 1917*

Mir immer unbegreiflich, daß es jedem fast, der schreiben kann, möglich ist, im Schmerz den Schmerz zu objektivieren, so daß ich z. B. im Unglück, vielleicht noch mit dem brennenden Unglückskopf mich setzen und jemandem schriftlich mitteilen kann: Ich bin unglücklich. Ja, ich kann noch darüber hinausgehn und in verschiedenen Schnörkeln je nach Begabung, die mit dem Unglück nichts zu tun zu haben scheint, darüber einfach oder antithetisch oder mit ganzen Orchestern von Associationen phantasieren. Und es ist gar nicht Lüge und stillt den Schmerz nicht, ist einfach gnadenweiser Überschuß der Kräfte in einem Augenblick, in dem der Schmerz doch sichtbar alle meine Kräfte bis zum Boden meines Wesens, den er aufkratzt, verbraucht hat. Was für ein Überschuß ist es also? *Tagebuch, 19. September 1917*

Die Kunst ist ein von der Wahrheit Geblendetsein: Das Licht auf dem zurückweichenden Fratzengesicht ist wahr, sonst nichts. *Oktavhefte, 11. Dezember 1917*

Selbstvergessenheit und Selbstaufhebung der Kunst: Was Flucht ist, wird vorgeblich Spaziergang oder gar Angriff.
Oktavhefte, 17. Dezember 1917

Die Kunst fliegt um die Wahrheit, aber mit der entschiedenen Absicht sich nicht zu verbrennen. Ihre Fähigkeit besteht darin in der dunklen Leere einen Ort zu finden, wo der Strahl des Lichts, ohne daß dies vorher zu erkennen gewesen wäre, kräftig aufgefangen werden kann.

Oktavhefte, 22. Januar 1918

Dieses ganze Schreiben ist nichts als die Fahne des Robinson auf dem höchsten Punkt der Insel. *An Max Brod, 12. Juli 1922*

Das Gedächtnis einer kleinen Nation ist nicht kleiner als das Gedächtnis einer großen, es verarbeitet daher den vorhandenen Stoff gründlicher. Es werden zwar weniger Litteraturgeschichtskundige beschäftigt, aber die Litteratur ist weniger eine Angelegenheit der Litteraturgeschichte als Angelegenheit des Volkes und darum ist sie wenn auch nicht rein so doch sicher aufgehoben. Denn die Anforderungen, die das Nationalbewußtsein innerhalb eines kleinen Volkes an den Einzelnen stellt, bringen es mit sich, daß jeder immer bereit sein muß den auf ihn entfallenden Teil der Litteratur zu kennen, zu tragen zu verfechten und jedenfalls zu verfechten, wenn er ihn auch nicht kennt und trägt.

Tagebuch, 25. Dezember 1911

Die deutsche Literatur hat auch vor dem Freiwerden der Juden gelebt und in großer Herrlichkeit, vor allem war sie, soviel ich sehe, im Durchschnitt niemals etwa weniger mannigfaltig als heute, vielleicht hat sie sogar heute an Mannigfaltigkeit verloren. Und daß dies beides mit dem Judentum als solchem zusammenhängt, genauer, mit dem Verhältnis der jungen Juden zu ihrem Judentum, mit der schrecklichen inneren Lage dieser Generationen, das hat doch besonders Kraus erkannt oder richtiger, an ihm gemessen ist es sichtbar geworden. Er ist etwas wie der Großvater in der Operette, von dem er sich nur dadurch unterscheidet, daß er statt bloß oi zu sagen, auch noch langweilige Gedichte macht. (Mit einem gewissen Recht übrigens, mit dem gleichen Recht, mit dem Schopenhauer in dem fortwährenden von ihm erkannten Höllensturz leidlich fröhlich lebte) [.]

An Max Brod, Juni 1921

Niemand singt so rein, als die welche in der tiefsten Hölle sind; was wir für den Gesang der Engel halten, ist ihr Gesang. *An Milena Pollak, 26. August 1920*

Schreiben als Form des Gebetes. *Notizheft, Ende 1920*

Merkwürdiger, geheimnisvoller, vielleicht gefährlicher, vielleicht erlösender Trost des Schreibens: das Hinausspringen aus der Totschlägerreihe Tat-Beobachtung, Tat-Beobachtung, indem eine höhere Art der Beobachtung geschaffen wird, eine höhere, keine schärfere, und je höher sie ist, je unerreichbarer von der «Reihe» aus, desto unabhängiger wird sie, desto mehr eigenen Gesetzen der Bewegung folgend, desto unberechenbarer, freudiger, steigender ihr Weg.

Tagebuch, 27. Januar 1922

Als ich heute in der schlaflosen Nacht alles immer wieder hin- und hergehn ließ zwischen den schmerzenden Schläfen, wurde mir wieder, was ich in der letzten genug ruhigen

Zeit fast vergessen hatte, bewußt, auf was für einem schwachen oder gar nicht vorhandenen Boden ich lebe, über einem Dunkel, aus dem die dunkle Gewalt nach ihrem Willen hervorkommt und ohne sich an mein Stottern zu kehren mein Leben zerstört. Das Schreiben erhält mich, aber ist es nicht richtiger zu sagen, daß es diese Art Leben erhält. Damit meine ich natürlich nicht, daß mein Leben besser ist, wenn ich nicht schreibe. Vielmehr ist es dann viel schlimmer und gänzlich unerträglich und muß mit dem Irrsinn enden. Aber das freilich nur unter der Bedingung, daß ich, wie es tatsächlich der Fall ist, auch weine ich nicht schreibe, Schriftsteller bin und ein nicht schreibender Schriftsteller ist allerdings ein den Irrsinn herausforderndes Unding. Aber wie ist es mit dem Schriftstellersein selbst? Das Schreiben ist ein süßer wunderbarer Lohn, aber wofür? In der Nacht war es mir mit der Deutlichkeit kindlichen Anschauungsunterrichtes klar, daß es der Lohn für Teufelsdienst ist. Dieses Hinabgehn zu den dunklen Mächten, diese Entfesselung von Natur aus gebundener Geister, fragwürdige Umarmungen und was alles noch unten vor sich gehen mag, von dem man oben nichts mehr weiß, wenn man im Sonnenlicht Geschichten schreibt. Vielleicht gibt es auch anderes Schreiben, ich kenne nur dieses; in der Nacht, wenn mich die Angst nicht schlafen läßt, kenne ich nur dieses. Und das Teuflische daran scheint mir sehr klar. Es ist die Eitelkeit und Genußsucht, die immerfort um die eigene oder auch um eine fremde Gestalt – die Bewegung vervielfältigt sich dann, es wird ein Sonnensystem der Eitelkeit – schwirrt und sie genießt. Was der naive Mensch sich manchmal wünscht: «ich wollte sterben und sehn, wie man mich beweint», das verwirklicht ein solcher Schriftsteller fortwährend, er stirbt (oder er lebt nicht) und beweint sich fortwährend. Daher kommt seine schreckliche Todesangst, die sich nicht als Todesangst äußern muß, sondern auch auftreten kann als Angst vor Veränderung […]

Was ich gespielt habe, wird wirklich geschehn. Ich habe mich durch das Schreiben nicht losgekauft. Mein Leben lang bin ich gestorben und nun werde ich wirklich sterben. Mein Leben war süßer als das der andern, mein Tod wird um so schrecklicher sein. Der Schriftsteller in mir wird natürlich sofort sterben, denn eine solche Figur hat keinen Boden, hat keinen Bestand, ist nicht einmal aus Staub; ist nur im tollsten irdischen Leben ein wenig möglich, ist nur eine Konstruktion der Genußsucht. Dies ist der Schriftsteller. Ich selbst aber kann nicht weiterleben, da ich ja nicht gelebt habe, ich bin Lehm geblieben, den Funken habe ich nicht zum Feuer gemacht, sondern nur zur Illuminierung meines Leichnams benützt. Es wird ein eigentümliches Begräbnis werden, der Schriftsteller, also etwas nicht Bestehendes, übergibt den alten Leichnam, den Leichnam seit jeher, dem Grab. Ich bin genug Schriftsteller, um das in völliger Selbstvergessenheit – nicht Wachheit, Selbstvergessenheit ist erste Voraussetzung des Schriftstellertums – mit allen Sinnen genießen oder, was dasselbe ist, erzählen zu wollen, aber das wird nicht mehr geschehn. Aber warum rede ich nur vom wirklichen Sterben. Im Leben ist es ja das Gleiche. Ich sitze hier in der bequemen Haltung des Schriftstellers, bereit zu allem Schönen, und muß untätig zusehn – denn was kann ich anderes als schreiben –, wie mein wirkliches Ich, dieses arme, wehrlose (das Dasein des Schriftstellers ist ein Argument gegen die Seele, denn die Seele hat doch offenbar das wirkliche Ich verlassen, ist aber nur Schriftsteller geworden, hat es nicht weiter gebracht; sollte die Trennung vom Ich die Seele so sehr schwächen können?) aus einem beliebigen Anlaß, einer kleinen Reise nach Georgental, (ich wage es nicht stehn zu lassen, es ist auch in dieser Weise nicht richtig) vom Teufel gezwickt, geprügelt und fast zermahlen wird.

An Max Brod, 5. Juli 1922

Die Definition des Schriftstellers, eines solchen Schriftstellers, und die Erklärung seiner Wirkung, wenn es eine Wirkung überhaupt gibt: Er ist der Sündenbock der Menschheit, er erlaubt den Menschen, eine Sünde schuldlos zu genießen, fast schuldlos. *An Max Brod, 5. Juli 1922*

V Erkenntnis und Wahrheitssuche

Alle Wissenschaft ist Met[h]odik im Hinblick auf das Absolute. Deshalb ist keine Angst vor dem eindeutig Met[h]odischen nötig. Es ist Hülse, aber nicht mehr, als alles außer dem Einen. *Oktavhefte, 19. Oktober 1917*

Sicher ist mein Widerwillen gegen Antithesen. Sie kommen zwar unerwartet, aber überraschen nicht, denn sie sind immer ganz nah vorhanden gewesen; wenn sie unbewußt waren, so waren sie es nur am äußersten Rande. Sie erzeugen zwar Gründlichkeit, Fülle, Lückenlosigkeit aber nur so wie eine Figur im Lebensrad; unsern kleinen Einfall haben wir im Kreis herumgejagt. So verschieden sie sein können, so nuancenlos sind sie, wie von Wasser aufgeschwemmt wachsen sie einem unter der Hand, mit der anfänglichen Aussicht ins Grenzenlose und mit einer endlichen mittlern immer gleichen Größe. Sie rollen sich ein, sind nicht auszudehnen, geben keinen Anhaltspunkt, sind Löcher im Holz, sind stehender Sturmlauf, ziehn wie ich gezeigt habe Antithesen auf sich herab. Möchten sie nur alle auf sich herabziehn und für immer. *Tagebuch, 20. November 1911*

Die talmudische Melodie genauer Fragen, Beschwörungen oder Erklärungen: In eine Röhre fährt die Luft und nimmt die Röhre mit, dafür dreht sich dem Befragten aus kleinen fernen Anfängen eine große im ganzen stolze in ihren Biegungen demüthige Schraube entgegen. *Tagebuch, 5. Oktober 1911*

Ist es möglich, etwas Untröstliches zu denken? Oder vielmehr etwas Untröstliches ohne den Hauch des Trostes? Ein Ausweg läge darin, daß das Erkennen als solches Trost ist. Man könnte also wohl denken: Du mußt dich beseitigen und könnte sich doch ohne Fälschung dieser Erkenntnis aufrecht erhalten am Bewußtsein, es erkannt zu haben. Das heißt dann wirklich, an den eigenen Haaren sich aus dem Sumpf gezogen zu haben. Was in der körperlichen Welt lächerlich ist [,] ist in der geistigen möglich. Dort gilt kein Schwerkraftgesetz, (die Engel fliegen nicht, sie haben nicht irgendeine Schwerkraft aufgehoben, nur wir Beobachter der irdischen Welt wissen es nicht besser zu denken) was allerdings für uns nicht vorstellbar ist, oder erst auf einer hohen Stufe. Wie kläglich ist meine Selbsterkenntnis, verglichen etwa mit meiner Kenntnis meines Zimmers.

Oktavhefte, 19. Oktober 1917

Wir sind, mit dem irdisch befleckten Auge gesehn, in der Situation von Eisenbahnreisenden, die in einem langen Tunnel verunglückt sind undzwar an einer Stelle wo man das Licht des Anfangs nicht mehr sieht, das Licht des Endes aber nur so winzig, daß der Blick es immerfort suchen muß und immerfort verliert wobei Anfang und Ende nicht einmal sicher sind. Rings um uns aber haben wir in der Verwirrung der Sinne oder in der Höchstempfindlichkeit der Sinne lauter Ungeheuer und ein je nach der Laune und Verwundung des Einzelnen entzückendes oder ermüdendes kaleidoskopisches Spiel.

Oktavhefte, 20. Oktober 1917

Der entscheidende Augenblick der menschlichen Entwicklung ist, wenn wir unsern Zeitbegriff fallen lassen immerwährend. Darum sind die revolutionären geistigen Bewegungen, welche alles Frühere für nichtig erklären im Recht, denn es ist noch nichts geschehen. *Oktavhefte, 20. Oktober 1917*

Alle menschlichen Fehler sind Ungeduld, ein unzeitiges Abbrechen des Methodischen, ein scheinbares Einpfählen der scheinbaren Sache. *Oktavhefte, 19. Oktober 1917*

Das Grauenhafte des bloß Schematischen [.]
Tagebuch, 6. Mai 1914

Das Teuflische nimmt manchmal das Aussehn des Guten an oder verkörpert sich sogar vollständig in ihm. Bleibt es mir verborgen, unterliege ich natürlich, denn dieses Gute ist verlockender als das wahre. Wie aber wenn es mir nicht verborgen bleibt? Wenn ich auf einer Treibjagd von Teufeln ins Gute gejagt werde? Wenn ich als Gegenstand des Ekels von an mir herumtastenden Nadelspitzen zum Guten gewälzt, gestochen, gedrängt werde? Wenn die sichtbaren Krallen des Guten nach mir greifen? Ich weiche einen Schritt zurück und sinke weich und traurig ins Böse, das hinter mir die ganze Zeit über auf meine Entscheidung gewartet hat.

Oktavhefte, 21. Oktober 1917

Wenn es möglich gewesen wäre, den Turm von Babel zu erbauen, ohne ihn zu erklettern – der Bau wäre erlaubt worden. *Oktavhefte, 9. November 1917*

Wir graben den Schacht von Babel.   *Notizhefte, Sommer 1922*

Es gibt ein Ziel, aber keinen Weg. Was wir Weg nennen, ist Zögern.   *Notizhefte, 17. September 1920*

Wer Wunder tut, sagt: Ich kann die Erde nicht lassen [.]
Oktavhefte, 21. November 1917

Das Gute ist in gewissem Sinne trostlos.
Oktavhefte, 21. November 1917

Das menschliche Urteil über menschliche Handlungen ist wahr und nichtig, nämlich zuerst wahr und dann nichtig.
Oktavhefte, 24. November 1917

Die Untauglichkeit des Objekts kann die Untauglichkeit des Mittels verkennen lassen.   *Oktavhefte, 21. November 1917*

Man darf niemanden betrügen, auch nicht die Welt um ihren Sieg.   *Oktavhefte, 8. Dezember 1917*

Mit stärkstem Licht kann man die Welt auflösen. Vor schwachen Augen wird sie fest, vor noch schwächeren bekommt sie Fäuste, vor noch schwächeren wird sie schamhaft und zerschmettert den, der sie anzuschauen wagt.
Oktavhefte, 8. Dezember 1917

Der Geist wird erst frei, wenn er aufhört Halt zu sein.
Oktavhefte, 12. Januar 1918

Die Welt kann nur von der Stelle aus für gut angesehen werden, von der aus sie geschaffen wurde, denn nur dort wurde gesagt: Und siehe, sie war gut und nur von dort aus kann sie verurteilt und zerstört werden. *Oktavhefte, 11. Februar 1918*

Alles ist Betrug: das Mindestmaß der Täuschungen suchen, im üblichen bleiben, das Höchstmaß suchen. Im ersten Fall betrügt man das Gute, indem man sich dessen Erwerbung zu leicht machen will, das Böse, indem man ihm allzu ungünstige Kampfbedingungen setzt. Im zweiten Fall betrügt man das Gute, indem man also nicht einmal im Irdischen nach ihm strebt, im dritten das Gute, indem man sich möglichst weit von ihm entfernt, das Böse, indem man hofft, durch seine Höchststeigerung es machtlos zu machen. Vorzuziehen wäre also hiernach der zweite Fall, denn das Gute betrügt man immer, das Böse in diesem Fall, wenigstens dem Anschein nach, nicht. *Oktavhefte, 8. Dezember 1917*

Die Tatsache, daß es nichts anderes gibt als eine geistige Welt, nimmt uns die Hoffnung und gibt uns die Gewißheit.
Oktavhefte, 9. Dezember 1917

Wer sucht findet nicht, wer nicht sucht, wird gefunden.
Oktavhefte, 13. Dezember 1917

Es gibt nur zweierlei: Wahrheit und Lüge. Die Wahrheit ist unteilbar, kann sich also selbst nicht erkennen. Wer sie erkennen will muß Lüge sein. *Oktavhefte, 14. Januar 1918*

Erkenntnis haben wir. Wer sich besonders um sie bemüht, ist verdächtig, sich gegen sie zu bemühn.

Oktavhefte, 25. Januar 1918

Die Sprache kann für alles außerhalb der sinnlichen Welt nur andeutungsweise, aber niemals auch nur annähernd vergleichsweise gebraucht werden, da sie entsprechend der sinnlichen Welt nur vom Besitz und seinen Beziehungen handelt. *Oktavhefte, 8. Dezember 1917*

Psychologie ist Lesen einer Spiegelschrift, also mühevoll und was das immer stimmende Resultat betrifft ergebnisreich, aber wirklich geschehn ist nichts.

Oktavhefte, 25. Februar 1918

Es ist eine der vielen Krankheitserscheinungen, welche die Psychoanalyse aufgedeckt zu haben glaubt. Ich nenne es nicht Krankheit und sehe in dem terapeutischen Teil der Psychoanalyse einen hilflosen Irrtum. Alle diese angeblichen Krankheiten, so traurig sie auch aussehn, sind Glaubenstatsachen, Verankerungen des in Not befindlichen Menschen in irgendwelchem mütterlichen Boden; so findet ja auch die Psychoanalyse als Urgrund der Religionen auch nichts anderes als was ihrer Meinung nach die «Krankheiten» des Einzelnen begründet, allerdings fehlt heute hier bei uns meist die religiöse Gemeinschaft, die Sekten sind zahllos und auf Einzelpersonen beschränkt, aber vielleicht zeigt es sich so nur dem von der Gegenwart befangenen Blick.

Solche Verankerungen aber, die wirklichen Boden fassen, sind doch nicht ein einzelner auswechselbarer Besitz des

Menschen, sondern in seinem Wesen vorgebildet und nachträglich sein Wesen (auch seinen Körper) noch in dieser Richtung weiterbildend. Hier will man heilen?

An Milena Pollak, November 1920

Eine heikle Aufgabe, ein Auf-den-Fußspitzen-gehn über einen brüchigen Balken der als Brücke dient, nichts unter den Füßen haben, mit den Füßen erst den Boden zusammenscharren auf dem man gehn wird, auf nichts gehn als auf seinem Spiegelbild das man unter sich im Wasser sieht, mit den Füßen die Welt zusammenhalten, die Hände nur oben in der Luft verkrampfen um diese Mühe bestehn zu können.

Notizhefte, September 1920

Wie groß der Kreis des Lebens ist kann man daraus erkennen, daß einerseits die Menschheit soweit sie zurückdenken kann von Reden überfließt und daß andererseits Reden nur dort möglich ist, wo man lügen will. *Notizhefte, Ende 1920*

Wahrheit bringt keine Erfolge, Wahrheit zerstört nur das Zerstörte [.] *An Robert Klopstock, Juni 1922*

Die leichte Möglichkeit des Briefeschreibens muß – bloß teoretisch angesehn – eine schreckliche Zerrüttung der Seelen in die Welt gebracht haben. Es ist ja ein Verkehr mit Gespenstern undzwar nicht nur mit dem Gespenst des Adressaten, sondern auch mit dem eigenen Gespenst, das sich einem unter der Hand in dem Brief, den man schreibt, entwickelt oder gar in einer Folge von Briefen, wo ein Brief den andern erhärtet und sich auf ihn als Zeugen berufen kann. Wie kam man nur auf den Gedanken, daß Menschen durch Briefe mit einander verkehren können! Man kann an einen fernen Menschen denken und man kann einen nahen Menschen fassen, alles andere geht über Menschenkraft. Briefe schreiben aber heißt, sich vor den Gespenstern entblößen, worauf sie gierig warten. Geschriebene Küsse kommen nicht an ihren Ort, sondern werden von den Gespenstern auf dem Wege ausgetrunken. Durch diese reichliche Nahrung vermehren sie sich ja so unerhört. Die Menschheit fühlt das und kämpft dagegen, sie hat, um möglichst das Gespenstische zwischen den Menschen auszuschalten, und den natürlichen Verkehr, den Frieden der Seelen zu erreichen, die Eisenbahn, das Auto, den Aeroplan erfunden, aber es hilft nichts mehr, es sind offenbar Erfindungen, die schon im Absturz gemacht werden, die Gegenseite ist soviel ruhiger und stärker, sie hat nach der Post den Telegraphen erfunden, das Telephon, die Funkentelegraphie. Die Geister werden nicht verhungern, aber wir werden zugrundegehn.

An Milena Pollak, Ende März 1922

VI Judentum und Religion

Den Juden und natürlich besonders denen in Rußland scheint nicht so sehr ein strenges Familienleben gemeinsam und bezeichnend zu sein, denn Familienleben findet sich schließlich auch bei Christen und störend für das Familienleben der Juden ist doch, daß die Frau vom Talmudstudium ausgeschlossen ist, so daß die Frauen, wenn sich der Mann mit Gästen über gelehrte Talmuddinge also den Mittelpunkt seines Lebens unterhalten will, sich ins Nebenzimmer zurückziehn wenn nicht zurückziehn müssen, so ist es für sie noch eigentümlicher, daß sie so oft bei jeder möglichen Gelegenheit zusammenkommen, sei es zum Beten, oder zum Studieren oder zur Besprechung göttlicher Dinge oder zumeist religiös begründeten Festmahlzeiten, bei denen nur sehr mäßig Alkohol getrunken wird. Sie fliehen förmlich zu einander. *Tagebuch, 25. Dezember 1911*

Das jüdische Reinigungswasser, das in Rußland jede jüdische Gemeinde hat, das ich mir als eine Kabine denke mit einem Wasserbecken von genau bestimmten Umrissen, mit vom Rabbiner angeordneten und überwachten Einrichtungen, das nur den irdischen Schmutz der Seele abzuwaschen hat, dessen äußerliche Beschaffenheit daher gleichgültig ist, das ein Symbol daher schmutzig und stinkend sein kann und auch ist aber seinen Zweck doch erfüllt. Die Frau kommt her um sich von der Periode zu reinigen, der Thoraschreiber um sich vor dem Aufschreiben des letzten

Satzes eines T[h]oraabschnittes von allen sündigen Gedanken zu reinigen.
27. Oktober 1911

Die jüdische Mutter ist keine Mutter, die Mutterbezeichnung macht sie ein wenig komisch (nicht sich selbst, weil wir in Deutschland sind) wir geben einer jüdischen Frau den Namen deutsche Mutter, vergessen aber den Widerspruch, der desto schwerer sich ins Gefühl einsenkt, Mutter ist für den Juden besonders deutsch, es enthält unbewußt neben dem christlichen Glanz auch christliche Kälte, die mit Mutter benannte jüdische Frau wird daher nicht nur komisch sondern auch fremd. Mama wäre ein besserer Name, wenn man nur hinter ihm nicht Mutter sich vorstellte. Ich glaube, daß nur noch Erinnerungen an das Ghetto die jüdische Familie erhalten, denn auch das Wort Vater meint bei weitem den jüdischen Vater nicht.

Tagebuch, 24. Oktober 1911

Was habe ich mit Juden gemeinsam? Ich habe kaum etwas mit mir gemeinsam und sollte mich ganz still, zufrieden damit daß ich atmen kann in einen Winkel stellen.

Tagebuch, 8. Januar 1914

Der Tempel ist nicht etwas, an das man sich heranschleichen kann. Man kann es jetzt nicht, wie man es nicht als Kind konnte; ich erinnere mich noch, wie ich als Kind in der fürchterlichen Langweiligkeit und Sinnlosigkeit der Tempelstunden förmlich ertrunken bin; es waren Vorstudien, welche die Hölle für die Gestaltung des spätern Bureaulebens machte. Diejenigen welche sich nur infolge ihres

Zionismus an den Tempel herandrängen, kommen mir vor wie Leute, die sich hinter der Bundeslade und durch sie den Eingang in den Tempel erzwingen wollten, statt ruhig durch den allgemeinen Menscheneingang zu gehn.

An Felice Bauer, 16. September 1916

Besser als die Psychoanalyse gefällt mir in diesem Fall die Erkenntnis, daß dieser Vaterkomplex, von dem sich mancher geistig nährt, nicht den unschuldigen Vater, sondern das Judentum des Vaters betrifft. Weg vom Judentum, meist mit unklarer Zustimmung der Väter (diese Unklarheit war das Empörende) wollten die meisten, die deutsch zu schreiben anfingen, sie wollten es, aber mit den Hinterbeinchen klebten sie noch am Judentum des Vaters und mit den Vorderbeinchen fanden sie keinen neuen Boden. Die Verzweiflung darüber war ihre Inspiration.

An Max Brod, Juni 1921

Es ist keine Freude sich mit der Psychoanalyse abzugeben und ich halte mich von ihr möglichst fern, aber sie ist zumindest so existent wie diese Generation. Das Judentum bringt seit jeher seine Leiden und Freuden fast gleichzeitig mit dem zugehörigen Raschi-Kommentar hervor, so auch hier.   *Aus dem Entwurf eines Briefes an Franz Werfel, Dezember 1922*

Die unsichere Stellung der Juden, unsicher in sich, unsicher unter den Menschen, würde es über alles begreiflich machen, daß sie nur das zu besitzen glauben dürfen, was sie in der Hand oder zwischen den Zähnen halten, daß ferner nur handgreiflicher Besitz ihnen Recht auf das Leben gibt und

daß sie, was sie einmal verloren haben, niemals wieder erwerben werden, sondern daß es glückselig für immer von ihnen fortschwimmt. Von den unwahrscheinlichsten Seiten drohen den Juden Gefahren oder lassen wir um genauer zu sein die Gefahren weg und sagen: «drohen ihnen Drohungen.»
An Milena Pollak, 30. Mai 1920

Ist es nicht das Selbstverständliche, daß man von dort weggeht, wo man so gehaßt wird (Zionismus oder Volksgefühl ist dafür gar nicht nötig)?
An Milena Pollak, Mitte November 1920

Die Erfindung des Teufels. Wenn wir vom Teufel besessen sind, dann kann es nicht einer sein, denn sonst lebten wir, wenigstens auf der Erde, ruhig, wie mit Gott, einheitlich, ohne Widerspruch, ohne Überlegung, unseres Hintermannes immer gewiß. Sein Gesicht würde uns nicht erschrecken, denn als Teuflische wären wir bei einiger Empfindlichkeit für diesen Anblick klug genug lieber eine Hand zu opfern, mit der wir sein Gesicht bedeckt hielten. Wenn uns nur ein einziger Teufel hätte mit ruhigem ungestörtem Überblick über unser ganzes Wesen und mit augenblicklicher Verfügungsfreiheit, dann hätte er auch genügende Kraft uns ein menschliches Leben lang so hoch über dem Geist Gottes in uns zu halten und noch zu schwingen, daß wir auch keinen Schimmer von ihm zu sehen bekämen also auch von dort nicht beunruhigt würden. Nur die Menge der Teufel kann unser irdisches Unglück ausmachen. Warum rotten sie einander nicht aus bis auf einen oder warum unterordnen sie sich nicht einem großen Teufel; beides wäre im Sinne des teuflischen Princips, uns möglichst vollkommen zu betrügen. Was nützt denn, solange die Einheitlichkeit fehlt, die peinliche Sorgfalt die sämtliche Teufel für uns haben? Es ist selbstverständlich, daß den Teufeln an dem Ausfallen eines Menschenhaares mehr gelegen sein muß als Gott, denn dem Teufel geht das Haar wirklich verloren, Gott nicht. Nur kommen wir dadurch, solange die vielen Teufel in uns sind noch immer zu keinem Wohlbefinden. *Tagebuch, 9. Juli 1912*

Es gibt zwei menschliche Hauptsünden aus welchen sich alle andern ableiten, Ungeduld und Lässigkeit. Wegen der Ungeduld sind sie aus dem Paradiese vertrieben worden, wegen der Lässigkeit kehren sie nicht zurück. Vielleicht aber gibt es nur eine Hauptsünde: die Ungeduld. Wegen der Ungeduld sind sie vertrieben worden und wegen der Ungeduld kehren sie nicht zurück. *Oktavhefte, 20. Oktober 1917*

Den Glauben richtig verteilen zwischen den eigenen Worten und den eigenen Überzeugungen. Eine Überzeugung nicht in dem Augenblick, in dem man von ihr erfährt, verzischen lassen. Die Verantwortung, welche die Überzeugung auflegt, nicht auf die Worte abwälzen. Überzeugungen nicht durch Worte stehlen lassen, Übereinstimmung der Worte und Überzeugungen ist noch nicht entscheidend, auch guter Glaube nicht. Solche Worte können solche Überzeugungen noch immer je nach den Umständen einrammen oder ausgraben. *Oktavhefte, 23. November 1917*

Ist die Tatsache der Religionen ein Beweis für die Unmöglichkeit des Einzelnen dauernd gut zu sein? Der Gründer reißt sich vom Guten los, verkörpert sich. Tut er es um der andern willen oder weil er glaubt, nur mit den andern bleiben zu können was er war, weil er die «Welt» zerstören muß, um sie nicht lieben zu müssen? *Oktavhefte, 21. November 1917*

Nur unser Zeitbegriff läßt uns das Jüngste Gericht so nennen, eigentlich ist es ein Standrecht.

Oktavhefte, 25. November 1917

Der Messias wird kommen, sobald der zügelloseste Individualismus des Glaubens möglich ist –, niemand diese Möglichkeit vernichtet, niemand die Vernichtung duldet, also die Gräber sich öffnen. Das ist vielleicht auch die christliche Lehre, sowohl in der tatsächlichen Aufzeigung des Beispieles, dem nachgefolgt werden soll, eines individualistischen Beispieles, als auch in der symbolischen Aufzeigung der Auferstehung des Mittlers im einzelnen Menschen.

Oktavhefte, 30. November 1917

Der Messias wird erst kommen, wenn er nicht mehr nötig sein wird, er wird erst nach seiner Ankunft kommen, er wird nicht am letzten Tag kommen, sondern am allerletzten.

Oktavhefte, 4. Dezember 1917

Wer glaubt, kann keine Wunder erleben. Bei Tag sieht man keine Sterne. *Oktvhefte, 22. November 1917*

Glauben heißt: das Unzerstörbare in sich befreien oder richtiger: sich befreien oder richtiger: unzerstörbar sein oder richtiger: sein.
Oktavhefte, 30. November 1917

Der Mensch kann nicht leben ohne ein dauerndes Vertrauen zu etwas Unzerstörbarem in sich, wobei sowohl das Unzerstörbare als auch das Vertrauen ihm dauernd unbekannt bleiben können. Eine der Ausdrucksmöglichkeiten dieses Verborgen-Bleibens ist der Glaube an einen persönlichen Gott.
Oktavhefte, 7. Dezember 1917

Es bedurfte der Schlange: das Böse kann den Menschen verführen, aber nicht Mensch werden.
Oktavhefte, 7. Dezember 1917

Die Vertreibung aus dem Paradies ist in ihrem Hauptteil ein außerzeitlicher ewiger Vorgang. Es ist also zwar die Vertreibung aus dem Paradies endgiltig, das Leben in der Welt unausweichlich, die Ewigkeit des Vorganges aber oder zeitlich angesehn die ewige Wiederholung des Vorgangs macht es trotzdem möglich, daß wir nicht nur dauernd im Paradiese bleiben könnten, sondern tatsächlich dort dauernd sind, gleichgültig ob wir es hier wissen oder nicht.
Oktavhefte, 12. Dezember 1917

Wenn das, was im Paradies zerstört worden sein soll, zerstörbar war, dann war es nicht entscheidend, war es aber unzerstörbar, dann leben wir in einem falschen Glauben.
Oktavhefte, 30. Dezember 1917

Die Krähen behaupten: Eine einzige Krähe könnte den Himmel zerstören. Das ist zweifellos, beweist aber nichts gegen den Himmel, denn Himmel bedeutet: Unmöglichkeit von Krähen. *Oktavhefte, 23. November 1917*

Warum klagen wir wegen des Sündenfalles? Nicht seinetwegen sind wir aus dem Paradiese vertrieben worden, sondern wegen des Baumes des Lebens, damit wir nicht von ihm essen. *Oktavhefte, 20. Januar 1918*

Wir sind nicht nur deshalb sündig, weil wir vom Baum der Erkenntnis gegessen haben, sondern auch deshalb, weil wir vom Baum des Lebens noch nicht gegessen haben.

Oktavhefte, 20. Januar 1918

Sündig ist der Stand, in dem wir uns befinden, unabhängig von Schuld. *Oktavhefte, 20. Januar 1918*

Wir wurden aus dem Paradies vertrieben, aber zerstört wurde es nicht. Die Vertreibung aus dem Paradies war in einem Sinne ein Glück, denn wären wir nicht vertrieben worden, hätte das Paradies zerstört werden müssen.

Oktavhefte, 20. Januar 1918

Nach Gott sollte die augenblickliche Folge des Essens vom Baume der Erkenntnis der Tod sein, nach der Schlange (wenigstens konnte man sie dahin verstehn) die göttliche Gleichwerdung. Beides war in ähnlicher Weise unrichtig. Die Menschen starben nicht, sondern wurden sterblich, sie wurden nicht Gott gleich, aber erhielten eine unentbehrliche Fähigkeit, um es zu werden. Beides war auch in ähnlicher Weise richtig. Nicht der Mensch starb, aber der paradiesische Mensch, sie wurden nicht Gott, aber das göttliche Erkennen. *Oktavhefte, 20. Januar 1918*

Vor dem Betreten des Allerheiligsten mußt du die Schuhe ausziehn, aber nicht nur die Schuhe, sondern alles, Reisekleid und Gepäck, und darunter die Nacktheit, und alles, was unter der Nacktheit ist, und alles, was sich unter dieser verbirgt, und dann den Kern und den Kern des Kerns, dann das Übrige und dann den Rest und dann noch den Schein des unvergänglichen Feuers. Erst das Feuer selbst wird vom Allerheiligsten aufgesogen und läßt sich von ihm aufsaugen, keines von beiden kann dem widerstehen.
Oktavhefte, 25. Januar 1918

Nur hier ist Leiden Leiden. Nicht so als ob die welche hier leiden, anderswo wegen dieses Leidens erhöht werden sollen, sondern so, daß das was in dieser Welt Leiden heißt, in einer andern Welt, unverändert und nur befreit von seinem Gegensatz, Seligkeit ist. *Oktavhefte, 4. Februar 1918*

Müdigkeit bedeutet nicht notwendig Glaubensschwäche oder doch? Müdigkeit bedeutet jedenfalls Ungenügsamkeit. Es ist mir zu eng in allem, was ich bedeute, sclbst die Ewigkeit, die ich bin, ist mir zu eng. Lese ich aber z. B. ein gutes Buch, etwa eine Reisebeschreibung, erweckt es mich, befriedigt es mich, genügt es mir. Beweis dafür, daß ich vorher dieses Buch in meine Ewigkeit nicht miteinschloß oder nicht zur Ahnung jener Ewigkeit vorgedrungen war, die auch dieses Buch notwendigerweise umschließt. – Von einer gewissen Stufe der Erkenntnis an muß Müdigkeit, Ungenügsamkeit, Beengung, Selbstverachtung verschwinden, nämlich dort, wo ich das, was mich früher als ein Fremdes erfrischte, befriedigte, befreite, erhob, als mein eigenes Wesen zu erkennen die Kraft habe. *Oktavhefte, 7. Februar 1918*

Das entscheidend Charakteristische dieser Welt ist ihre Vergänglichkeit. In diesem Sinn haben Jahrhunderte nichts vor dem augenblicklichen Augenblick voraus. Die Kontinuität der Vergänglichkeit kann also keinen Trost geben; daß neues Leben aus den Ruinen blüht beweist weniger die Ausdauer des Lebens als des Todes. Will ich nun diese Welt bekämpfen muß ich sie in ihrem entscheidend Charakteristischen bekämpfen, also in ihrer Vergänglichkeit. Kann ich das in diesem Leben undzwar wirklich, nicht nur durch Hoffnung und Glauben? *Oktavhefte, 11. Februar 1918*

Pascal macht vor dem Auftreten Gottes große Ordnung, aber es muß eine tiefere ängstlichere Skepsis geben, als diese des thronenden Menschen, der sich mit wunderbaren Messern zwar, aber doch mit der Ruhe des Selchers zerschneidet. Woher die Ruhe? Die Sicherheit der Messerführung? Ist Gott ein teatralischer Triumpfwagen, den man, alle Mühseligkeit und Verzweiflung der Arbeiter zugestanden, mit Stricken aus der Ferne auf die Bühne zieht?

Tagebuch, 2. August 1917

Alle Leiden um uns werden auch wir leiden müssen. Christus hat für die Menschheit gelitten, aber die Menschheit muß für Christus leiden. Wir alle haben nicht einen Leib aber ein Wachstum und das führt uns durch alle Schmerzen, ob in dieser oder jener Form. So wie das Kind durch alle Lebensstadien bis zum Greis und zum Tod sich entwickelt – und jedes Stadium im Grunde dem früheren im Verlangen oder in Furcht, unerreichbar scheint – ebenso entwickeln wir uns – nicht weniger tief mit der Menschheit verbunden als mit uns selbst – durch alle Leiden dieser Welt gemeinsam mit allen Mitmenschen. Für Gerechtigkeit ist in diesem Zusammenhang kein Platz, aber auch nicht für Furcht vor den Leiden oder für die Auslegung des Leidens als eines Verdienstes. *Oktavhefte, 21. Februar 1918*

Die Märtyrer unterschätzen den Leib nicht, sie lassen ihn auf dem Kreuz erhöhen. Darin sind sie mit ihren Gegnern einig. *Oktavhefte, 23. November 1917*

Die Demut gibt jedem, auch dem einsam Verzweifelnden, das stärkste Verhältnis zum Mitmenschen undzwar sofort, allerdings nur bei völliger und dauernder Demut. Sie kann das deshalb, weil sie die wahre Gebetsprache ist, gleichzeitig Anbetung und festeste Verbindung. Das Verhältnis zum Mitmenschen ist das Verhältnis des Gebetes, das Verhältnis zu sich das Verhältnis des Strebens; aus dem Gebet wird die Kraft für das Streben geholt. *Oktavhefte, 24. Februar 1918*

Die Erbsünde, das alte Unrecht, das der Mensch begangen hat, besteht in dem Vorwurf, den der Mensch macht und von dem er nicht abläßt, daß ihm ein Unrecht geschehen ist, daß an ihm die Erbsünde begangen wurde.

Tagebuch, 15. Februar 1920

Das Wesen des Wüstenwegs. Ein Mensch, der als Volksführer seines Organismus diesen Weg macht, mit einem Rest (mehr ist nicht denkbar) des Bewußtseins dessen, was geschieht. Die Witterung für Kanaan hat er sein Leben lang; daß er das Land erst vor seinem Tode sehen sollte ist unglaubwürdig. Diese letzte Aussicht kann nur den Sinn haben, darzustellen, ein wie unvollkommener Augenblick das menschliche Leben ist, unvollkommen, weil diese Art des Lebens endlos dauern könnte und doch wieder nichts anderes sich ergeben würde als ein Augenblick. Nicht weil sein Leben zu kurz war kommt Moses nicht nach Kanaan, sondern weil es ein menschliches Leben war. Dieses Ende der 5 Bücher Moses hat eine Ähnlichkeit mit der Schlußszene der Education sentimentale.

Tagebuch, 19. Oktober 1921

Was ist fröhlicher als der Glaube an einen Hausgott – Es ist ein Unten-durch unter der wahren Erkenntnis und ein kindlich-glückliches Aufstehn! *Oktavhefte, 19. Dezember 1917*

Mit primitivem Blick gesehn ist die eigentliche, unwidersprechliche, durch nichts außerhalb (Märtyrertum, Opferung für einen Menschen) gestörte Wahrheit nur der körperliche Schmerz.

Tagebuch, 1. Februar 1922

Es gibt für uns zweierlei Wahrheit, so wie sie dargestellt wird durch den Baum der Erkenntnis und den Baum des Lebens. Die Wahrheit des Tätigen und die Wahrheit des Ruhenden, in der ersten teilt sich das Gute vom Bösen, die zweite ist nichts anderes als das Gute selbst, sie weiß weder vom Guten noch vom Bösen. Die erste Wahrheit ist uns wirklich gegeben, die zweite ahnungsweise. Das ist der traurige Anblick. Der fröhliche ist, daß die erste Wahrheit dem Augenblick, die zweite der Ewigkeit gehört, deshalb verlöscht auch die erste Wahrheit im Licht der zweiten.

Oktavhefte, 5. Februar 1918

Nachwort
Franz Kafka als Aphoristiker
Von Peter-André Alt

Die Einheit des Schreibens

Franz Kafkas schriftstellerische Produktion beschränkte sich nicht auf die Arbeit an Erzählungen und Romanen. Seine literarische Tätigkeit schloß das Schreiben von Briefen, Tagebucheintragungen und Heftnotizen ein. In Kafkas intellektueller Welt existierte keine Trennung zwischen dem Literarischen und dem Nicht-Literarischen; selbst die juristischen und unfalltechnischen Expertisen, die er als Beamter für die Prager Arbeiter-Unfall-Versicherungsanstalt verfaßte, weiten sich an manchen Stellen in den prosaischen Ebenen der Verwaltungssprache zu kleinen Novellen über die Katastrophen des Alltags, die Dialektik des technischen Fortschritts und die unerhörten Begebenheiten in den Fabrikhöllen des Industriezeitalters. Wie wenige Autoren hat Kafka ‹Schreiben› stets als ‹literarisches Schreiben› definiert. Das Material des alltäglichen Lebensvollzugs wandelt sich bei ihm unter der Regie der Schrift zur Literatur im emphatischen Sinn.

Wer Kafkas nicht-fiktionale Texte betrachtet, muß sich daher vergegenwärtigen, daß die Grenze zur Literatur hier niemals fest und verbindlich gezogen ist. Der Tagebuch- und Briefautor pflegt an seinen Entwürfen ähnlich genau zu feilen wie der Schriftsteller an seinen Erzählungen und Romanen. Hier wird nichts dem Zufall überlassen; die spontane Produktion täuscht darüber hinweg, daß in Kafkas Texten das Regiment der unbedingten Genauigkeit herrscht. Der tranceartige Zustand gesteigerter Konzentration, den er nach der Niederschrift der Novelle *Das Urteil* am 23. September 1912 als «Öffnung des Leibes und der Seele»[1] kennzeichnete, bildete das ideale Stadium für die zumeist nächtliche literarische Arbeit. Er implizierte jedoch nicht die Abwesenheit eines ordnenden Verstandes, sondern primär «Selbstvergessenheit», wie es am 5. Juli 1922 in einem Brief an Max Brod heißt.[2] Solche Selbstvergessenheit bedeutete, daß sich höchste Aufmerksamkeit auf dem Feld imaginativer Gedächtnisleistungen mit einem mystischen Zustand der völligen Versenkung verbinden konnte.

Kafka nahm das Schreiben als nachgerade physischen Akt wahr, der ihn in die Lage versetzte, die Sprache und den Rhythmus der Prosa zu fühlen. Um dieses Stadium zu erreichen, bedurfte es der notwendigen Ruhe und Abgeschiedenheit, wie sie allein die Nacht bereithielt. Das Gebot der absoluten Konzentration galt für die Arbeit an erzählerischen Entwürfen ebenso wie für die Korrespondenz und das Tagebuch. Es gab keine privaten Pausen der Entspannung, der Zurücknahme der bis zur Trance gesteigerten Konzentration. «Schreiben als Form des Gebetes»[3] – diese berühmte Formel von 1920 umreißt ein Rollenverständnis,

---

[1] Franz Kafka, Tagebücher II (1912–1914), in: Gesammelte Werke in zwölf Bänden. Nach der Kritischen Ausgabe hg. v. Hans-Gerd Koch, Frankfurt/M. 1994, Bd. 10, S. 101.
[2] Franz Kafka, Briefe 1902–1924 [hg. v. Max Brod und Klaus Wagenbach], Frankfurt/M. 1975 (zuerst 1958), S. 385.
[3] Franz Kafka, Zur Frage der Gesetze und andere Schriften aus dem Nachlaß, Gesammelte Werke, Bd. 7, S. 171.

das die schriftstellerische Arbeit als existentielle Äußerung begreift. Sie bezeichnet keine religiöse Bedeutungsebene, sondern eine Form der unbedingten Versenkung, die das Schreiben zum Akt letzter Konzentration werden läßt. Das Gebet ist das Medium, in dem sich die Materialien der Erfahrung zur geistigen Form verdichten.

Seine ideale Arbeitssituation schildert Kafka in einem Brief an Felice Bauer vom 14./15. Januar 1913. Der Schriftsteller erscheint hier im Bild des Höhlenbewohners, der «mit Schreibzeug und einer Lampe im innersten Raume eines ausgedehnten abgesperrten Kellers» sitzt, seine Mahlzeiten allein einnimmt, das Tageslicht meidet und gänzlich dem Strom der Einbildungskraft folgt, wie ihn nur die absolute Konzentration hervorbringt.[4] Erst die radikale Abtrennung vom Außen ermöglicht die literarische Arbeit. Sie gleicht auch deshalb der Ekstase der religiösen Versenkung, weil sie die Aktivitäten der Imagination mit der Ausgrenzung der profanen Erfahrungswelt verbindet. Dennoch ist, was Kafka schreibt, nicht das Resultat einer kalkulierten Abstraktionsleistung. Seine Texte werden angetrieben von Wahrnehmungsprozessen, die den Stoff anliefern, der in der Einbildungskraft neu strukturiert und literarisch bearbeitet wird. Dieser Transformationsprozeß ist auch für die Position der aphoristischen Betrachtungen gültig, die Kafkas Denken als Suchbewegung im Widerspruch zwischen der Sehnsucht nach dem Unbedingten und dem Zustand der Loslösung von allen Bindungen ansiedelt.

---

[4] Franz Kafka, Briefe 1913–1914, hg. v. Hans-Gerd Koch, Frankfurt/M. 1999, S. 40.

Logik des Kommentars, unbeendbare Dialektik

In Tagebüchern und Briefen tritt Kafka immer wieder als genauer Beobachter hervor. Aus der exakten Observation seiner Umwelt resultiert der aphoristische Charakter zahlreicher der hier versammelten kürzeren Texte. Kafkas Neigung zu Sentenz und Maxime ist, so apodiktisch-streng sie sich zuweilen äußern mag, nicht identisch mit einem messianischen Bekehrungseifer; sie wird weder von Bekenntniszwang noch von dogmatischer Starre bestimmt. Den Ausgangspunkt zahlreicher Aphorismen bilden Seherlebnisse, akustische und olfaktorische Eindrücke oder taktile Erfahrungen. Diese Bindung an die Empirie verschafft ihnen eine anschauliche Dimension, die auch dort, wo abstrakte Fragen des Glaubens, der Wahrheit oder Erkenntnis erörtert werden, für Anschaulichkeit und Präsenz sorgt. Noch in den strengsten Verwerfungen von Lust, Glück und Körperlichkeit, wie sie Kafkas Texte immer wieder formulieren, kocht daher die geheime Lust an der sinnlichen Welt.

Ein zweiter Grundzug, der Kafkas Aphoristik determiniert, ist ihre Neigung zum Kommentar. Seine Lehrsätze über Religion, Sündenfall und Erlösung, wie er sie im Züruaer Winter 1917/18 formuliert hat, bieten hier typische Beispiele. Ihre Gemeinsamkeit liegt darin, daß sie sich auf älteste Traditionen beziehen – auf die Bibel und den Talmud, auf das jüdische Religionsgesetz und die christliche Metaphysik, auf die Legenden der Chassidim und die abendländische Eschatologie. Kafkas Aphorismen liefern keine Setzungen aus dem Nichts, sondern beziehen sich auf Ur-Texte, überlieferte Normen, Regeln und Denkkonventionen. An diesem Punkt mag man sich daran erinnern, daß Kafka als Jurist gewohnt war, Kommentare zu lesen und zu verfassen. In seinen großen Romanen begegnet die Neigung zum Kommentar immer wieder – das berühmteste Exempel bietet die Domszene des *Proceß*-Romans, in welcher der Geistliche den Angeklagten Josef K., nachdem er ihm die Legende *Vor dem Gesetz* erzählt hat, daran erinnert, daß sich um diese Geschichte eine abundierende Tradition von Kommentaren und Deutungen ranke. Es ist nicht auszuschließen, daß Kafka hier in ironischer Weise auf die juristische Praxis des Kommentars und Metakommentars – als Antwort auf den Kommentar – verweist. Diesem Modell entsprechen gerade die Zürauer Aphorismen sehr genau, weil sie sich als Interpretationstexte präsentieren, die ihr Geheimnis hinter dem bescheidenen Gestus dienender Kommentierung verbergen.

Neben die juristische tritt die jüdische Argumentationslogik, die den Kommentarcharakter zahlreicher Aphorismen bestimmt. Das jüdische Religionsgesetz lebt aus der Spannung von heiligem Text und Deutung. Der Kerntext der Mischna, der zu Beginn des 3. Jahrhunderts n. Chr. die Summe der rabbinischen Weisheit als Wissen über die biblische Lehre bildet, findet durch die Gemara seine ausführliche Explikation. In der Auslegung der Mischna durch die Gemara, die in ihrer Einheit den Talmud bilden, manifestiert sich die religiöse Wahrheit über die Konkurrenz der Kommentare. Nicht selten sind jedoch die Kommentare selbst erklärungsbedürftig, weil sie neue Zweideutigkeit stiften; insbesondere die Haggada als nicht-gesetzliche, freie Erläuterung der heiligen Wahrheiten bedient sich erzählerischer Formen und Exempla, die weite Spielräume für Interpretation und Spekulation lassen. Beides, das Wechselspiel von Lehre und Erläuterung und die narrative Grundierung des Kommentars, überträgt Kafka auf die Technik seiner Aphorismen. Er, der sich selbst als Mustertypus des glaubenslos gewordenen Westjuden zu beschreiben pflegt, führt die jüdische Denktradition vor allem in der Form seiner Aphoristik fort.

Zu deren besonderen Merkmalen gehört eine unabschließbare Dialektik, die These und Antithese nicht in einem ihre Gemeinsamkeit offenbarenden Dritten aufhebt, sondern *ad infinitum* weitertreibt. Jede Synthese, die Kafkas Aphorismen bieten, ist nur ein scheinbares Stillstellen einer dynamisch fortschreitenden Argumentationslogik. Ein typisches Beispiel für dieses Verfahren bietet das Prosastück *Die Bäume* aus dem ersten Erzählband *Betrachtung* (1912): «Denn wir sind wie Baumstämme im Schnee. Scheinbar liegen sie glatt auf, und mit kleinem Anstoß sollte man sie wegschieben können. Nein, das kann man nicht, denn sie sind fest mit dem Boden verbunden. Aber sieh, sogar das ist nur scheinbar.»[5] Der Text besteht aus vier Sätzen, die ein unterschiedlich deutbares Verhältnis zueinander ausbilden. Die These – «Wir sind wie Baumstämme im Schnee» – wird durch den zweiten Satz vermeintlich ergänzt und unterstrichen: Wir sind «scheinbar» wie auf dem Boden liegende Baumstämme, die man, weil sie keine Wurzeln mehr besitzen, «mit kleinem Anstoß» beiseiteschieben könnte. Der

---

[5] Franz Kafka, Ein Landarzt und andere Drucke zu Lebzeiten, Gesammelte Werke, Bd. 1, S. 30.

dritte Satz formuliert eine Antithese, indem er darauf hindeutet, daß die Baumstämme fest «mit dem Boden verbunden» seien. Der letzte Satz widerspricht der ersten Antithese, insofern er deren Aussage wiederum in den Bereich des Scheins verweist. Hinter dem Gitternetz der formal – durch den grammatischen Duktus – gegebenen Grundstruktur aus zwei jeweils paarweise zusammengeschlossenen Sätzen kommt damit ein anderes Muster zu Gesicht; in ihm widerspricht der zweite Satz dem ersten und der vierte dem dritten, indem er jeweils die zuvor formulierte Aussage als «scheinbar» kennzeichnet. Betrachtet man die Botschaft der vier Sätze, so wäre noch ein drittes Modell der Zuordnung möglich, in dem der erste und der vierte und der zweite und dritte Satz zusammengefaßt werden, weil sie eine ähnliche Diagnose formulieren. Anfang und Schluß des Textes nämlich betonen die Beweglichkeit, während die beiden in der Mitte stehenden Sätze die Unbeweglichkeit der Baumstämme hervorheben.

Die Schwierigkeit einer klaren Gliederung nach logischen Kriterien liegt darin begründet, daß der Text die eindeutige Opposition von These und Antithese, von Differenz und Identität negiert. Die Antithese bezeichnet nicht das Gegenteil der These; die Bestätigung der These sagt nicht dasselbe wie die These. Wenn der letzte Satz am Schluß behauptet, der Eindruck der Unbeweglichkeit der Baumstämme sei ‹scheinbar›, ist das keineswegs gleichbedeutend mit der Aussage ‹die Baumstämme sind beweglich›. Vielmehr hat sich durch den Verlauf der Argumentation unser Bild der Lage derart verändert, daß wir weder die Beweglichkeit noch die Unbeweglichkeit der Baumstämme unumwunden konstatieren können. Das einzige, was sicher bleibt, ist der Zweifel, zu dem die genaue Betrachtung des kurzen Textes je neu Anlaß bietet.

Die Philosophiegeschichte kennt diverse Beispiele für argumentative Verfahren, in denen Negation und Skepsis als Instrumente der Wahrheitsfindung eingesetzt werden. Zu erinnern wäre an die sokratische Ironie, die eine spezifische Form der *Maieutik* (Hebammenkunst) darstellt, mit deren Hilfe die Erkenntnis über den Umweg der Negation ans Licht gehoben wird (ein besonders prägnantes Beispiel für dieses Verfahren liefert Platons Dialog *Ion*). Ebenso ließe sich das cartesianische Prinzip des Zweifels ins Feld führen, das es über den Weg des Ausschlusses erlauben soll, die Ursachen der Erscheinungen klar und distinkt zu ermitteln. Descartes' *Discours de la méthode* (1637) erklärt zum Ziel der philosophischen Reflexion, nur das in den Geltungsbereich des Geistes aufzunehmen, was klar und unterschieden sei, damit man es vor dem Zweifel sicherstellen kann («de ne comprendre rien de plus en mes jugements, que ce qui se présenterait si clairement et si distinctement à mon esprit, que je n'eusse aucune occasion de le mettre en doute.»[6]) Das platonische und das cartesianische Verfahren haben mit der von Kafka entwickelten Praxis jedoch nichts gemeinsam, weil sie ihre genaue epistemische Zielsetzung in der exakten Erschließung eines Wahrheitsgrundes finden. Die Verwendung unorthodoxer Mittel – Ironie und Zweifel – dient

---

6 Vgl. René Descartes, Discours de la méthode pour bien conduire sa raison, et chercher la vérité dans les sciences (1637), in: Oeuvres philosophiques. Tome I (1618–1637). Textes établis, présentés et annotés par Ferdinand Alquié. Paris 1963, S. 586 (II, 14).

dem Prinzip der Exklusion definitiv falscher Begriffe, Ansichten und Erkenntnisse.

Bei Kafka liegen die Gründe für das von ihm gewählte Verfahren dagegen auf anderer Ebene. Seine Aphoristik nutzt die Formen der Skepsis, der Ironie und des Zweifels nicht als Werkzeuge zur Beförderung der Wahrheit, sondern im Hinblick auf die Brüchigkeit jeglicher Erkenntnis. Die Leistung der Negation als Medium und Qualität des Erkennens beleuchten vor allem die religiös gefärbten Aphorismen, die Kafka 1917/18 während eines langen Winters auf dem Land in Zürau in seinen Oktavheften festhielt. Vor dem Hintergrund einer schweren Lebenskrise nach dem Ausbruch der am Ende agonalen Krankheit zielen sie auf die Grundfragen menschlicher Existenz: auf Wahrheit, Glauben, Tod und Erlösung. Als Max Brod das Textkonvolut 1937 aus dem Nachlaß edierte, gab er ihm den auftrumpfenden Titel *Betrachtungen über Sünde, Leid, Hoffnung und den wahren Weg*. Kafka selbst hätte eine solche Überschrift kaum gewählt, weil sie eine definitive Aussage über die Möglichkeit klarer Unterscheidungen und die Erreichbarkeit fester Absichten formuliert. Gegen den von Brod fixierten Titel wäre Kafkas eigener Aphorismus über Weg und Ziel ins Feld zu führen, den er erstmals in Zürau und drei Jahre später leicht abgewandelt in einem neuen Notizheft festhält: «Es gibt ein Ziel, aber keinen Weg. Was wir Weg nennen, ist Zögern.»[7]

In Zürau beginnt Kafka Anfang 1918 mit der näheren

---

7 Franz Kafka, Gesammelte Werke, Bd. 6, S. 232; Gesammelte Werke, Bd. 7, S. 146 (danach das Zitat).

Lektüre von Kierkegaards Schriften *Entweder-Oder*, *Furcht und Zittern* und *Die Wiederholung* (jeweils 1843). Von Kierkegaard zeigt er sich nicht nur im Hinblick auf biographische Bezüge fasziniert, wie sie ihm durch die unglückliche Verlobungsgeschichte des Philosophen gegeben zu sein scheinen. Bedeutsamer noch als solche lebensgeschichtlichen Filiationen sind die formalen und inhaltlichen Anregungen, die von seinem Denken ausgehen. In Kierkegaards *Entweder-Oder* findet Kafka den Gegensatz von Erotik und Verzicht reflektiert, um den sein eigener Selbstentwurf permanent kreist. Kierkegaards scharfe Kritik des Künstlertypus, den *Entweder-Oder* als betrügerischen Vertreter moderner Tartüfferie beschrieb, bestätigte Kafka das vertraute Unbehagen am Narzißmus der literarischen Arbeit, die er in krisenhaften Momenten für eine Form des Lebensopfers im Zeichen moralisch zweifelhaften Ich-Genusses hielt. Nicht zuletzt war es die glänzende essayistisch-erzählerische Form des Kiergaardschen Stils, die Kafka faszinierte (und seinem Widerwillen gegen analytische Abstraktion entgegenkam). An Kierkegaards Denken nehmen die in Zürau entstandenen Aphorismen ebenso Maß wie an der talmudischen Kommentartechnik und deren Tendenz zur unabschließbaren Argumentationsstruktur. Das erzählerische Moment und die ins Leere laufende, spiralförmige Dialektik der Darstellung kennzeichnen ihre Form, aber auch den intellektuellen Duktus, den sie gebiert.

Zur Charakterisierung dieses Verfahrens hat die Kafka-Forschung nicht zu Unrecht den Begriff des Paradoxons vorgeschlagen. Nimmt man den Terminus wörtlich, so bedeutet er ‹die Meinung überschreitend›, ‹jenseits der Lehre›.

In diesem Sinne ist Kafkas Aphoristik zunächst das Zeugnis eines unorthodoxen, scheinbar nicht regelgeleiteten Denkens. Zu seinen Grundmustern gehören die Überraschung (mit der Konzentration in einer verwirrenden Pointe), die Umkehrung des Argumentationsweges, der Verzicht auf erläuternde Erklärungen. Die Form dieses Denkens beschreibt ein Tagebucheintrag vom 5. Oktober 1911, der nach dem Besuch eines Vortragsabends des jiddischen Gasttheaters von Jizchak Löwy entstand: «Die talmudische Melodie genauer Fragen, Beschwörungen oder Erklärungen: In eine Röhre fährt die Luft und nimmt die Röhre mit, dafür dreht sich dem Befragten aus kleinen fernen Anfängen eine große im ganzen stolze in ihren Biegungen demüthige Schraube entgegen.»[8] Was Kafka hier analysiert, entspricht dem Muster des aus dem Talmud vertrauten Findungsprozesses, dem er selbst in seiner Aphoristik bevorzugt folgt. Die Bewegungsbahn der Argumentation zielt zunächst auf den Umriß einer Frage, die dann aber nicht beantwortet, vielmehr in ihrem Horizont erfaßt und nachgeahmt wird. Die Wahrheit steckt nicht in der Antwort, die unmöglich ist, sondern in der Mimikry an das Problem, das sie aufwirft.

Ein signifikantes Diktum aus dem Tagebuch vom 28. September 1915 bezeichnet sowohl den Inhalt dieser Strategie als auch die Form, die sie ausbildet: «Warum ist das Klagen sinnlos? Klagen heißt Fragen stellen und Warten bis Antwort kommt. Fragen aber die sich nicht selbst im Entstehen beantworten werden niemals beantwortet. Es gibt keine Entfernungen zwischen Fragesteller und Antwortgeber. Es sind

---

8 Franz Kafka, Tagebücher I (1909–1912), Gesammelte Werke, Bd. 9, S. 50.

keine Entfernungen zu überwinden. Daher Fragen und Warten sinnlos.»[9] Die herkömmlichen Beziehungen von Ursache und Wirkung sind hier außer Kraft gesetzt. Angesichts der Sinnlosigkeit des Fragens ist die mimetische Annäherung an die Frage das einzige Verfahren, das praktikabel bleibt. Es führt zwar kaum zu Lösungen, kann aber zumindest den Horizont erahnen lassen, vor dem sie möglich wären. Die Paradoxie ist die Form der Anpassung an die Tatsache, daß keine klare Antwort auf die Frage nach der Erkenntnis existiert.

Die Vermessung der Welt

Kafkas aphoristische Betrachtungen umspielen Themenfelder, deren jeweilige Schwerpunkte von den unterschiedlichen Interessen einzelner Lebensphasen bestimmt werden. In den frühen Briefen des Studenten (ab 1902) und den Tagebuchnotaten des jungen Versicherungsjuristen (ab 1909) stehen Versuche einer Selbstbestimmung des literarischen Schreibens im Vordergrund; in dieser Zeit arbeitet Kafka an ersten Prosastücken, von denen eine Auswahl in seinem Debütband *Betrachtung* (1912) bei Kurt Wolff erscheint. In der mittleren Periode (1911–1917) dominieren Reflexionen über Sexualität, Ehe und Familie; in diese Phase fällt die zweifache Verlobung mit Felice Bauer (1914, 1917) – eine Verbindung, die endgültig erst unter dem Eindruck der frisch diagnostizierten Lungenerkrankung aufgelöst wird. Im Zeichen eines zunehmenden Rückzugs aus freundschaftlichen

---

9 Franz Kafka, Tagebücher III (1914–1923), Gesammelte Werke, Bd. 11, S. 100.

und familiären Beziehungen beschäftigen sich die nach 1917 verfaßten Aphorismen bevorzugt mit Problemen des Glaubens, der jüdischen Tradition und den letzten Dingen nach dem Absterben des Leibes. Kafkas persönliche Eschatologie geht von der Erwartung eines Todes ohne Schrecken aus, der aber keine Erlösung bietet. Es ist eine unorthodoxe Glaubenslehre, die mit metaphysischen Bedeutungselementen operiert und deren verbindliche Geltung gleichzeitig in Frage stellt.

Bei aller thematischen Verschiedenheit der Aphorismen bleibt ein Leitmotiv für sie bestimmend: die Vorstellung einer Welt-Ordnung, deren Bedeutungen nur noch als Requisiten und Zeichen früherer Ganzheit existieren, ohne daß sie uns zu orientierenden Handlungsanleitungen verhelfen. Erschüttert sind die Beziehungen der Geschlechter ebenso wie die Grundfesten der Identität, die Methoden der Erkenntnis und die Inhalte des Glaubens. In der gesellschaftlichen Welt der Moderne gibt es weder Verläßlichkeit noch verbindliche Bedeutungen; auch die fragilen Identitätsofferten des Künstlertums schaffen nur die Illusion der Freiheit, denen man nicht dauerhaft trauen darf. Das einzige, was in unbedingter Fraglosigkeit jenseits des Zweifels existiert, ist die Effizienz der Machttechniken, die, für das Auge oft verborgen, in den Strukturen der sozialen Ordnungen, den Hierarchien der Familie, der Schule und Administration wirksam werden. Auf sie verweisen Kafkas Überlegungen zur Erziehungspraxis, deren Diagnosen in apodiktischer Rede vorgetragen werden. «Die Erziehung als Verschwörung der Großen», heißt es am 8. Oktober 1916, ziele auf das Einsperren der «frei Umhertobenden» im engen Haus der Familie.[10] Ähnlich lautet der Befund im Fall der Geschlechterbeziehungen; die Liebe zwischen Mann und Frau bildet eine Allegorie der Verlockungskraft der sinnlichen Welt, die von reineren geistigen Aufgaben fernhält und in traurigen Paarungen endet. Über die schuldhafte Verstrickung in die Netze der Sexualität, die eine teuflische Macht bedeute, heißt es am 23. Februar 1918: «Das Schlimmste ist aber, daß wir nach geglückter Verführung die Bürgschaft vergessen und so eigentlich das Gute uns ins Böse, der Blick der Frau in ihr Bett uns gelockt hat.»[11]

Die Identitätsmöglichkeiten, die die Literatur vermittelt, sind kaum weniger zweifelhaft. Der Schriftsteller ist der Selbstvergessene, wie Kafka in seinem unversöhnlichen Literatur-Brief vom 5. Juli 1922 erklärt, der im Schatten der Nacht, im Souterrain der Welt seine Geschichten schreibt, indessen der Strom des Lebens unbeachtet an ihm vorbeirauscht. Kommt es aber am Ende zum Gerichtstag über die eigene Existenz, so steht er als Gestrafter da, der sein Dasein in der Imagination verbraucht hat, ohne sich ihm tatsächlich auszusetzen. Schreiben kann zwar die ‹Form eines Gebets› annehmen, ist aber zugleich «Lohn für Teufelsdienst»[12]. Diese zwei Seiten der literarischen Arbeit stehen nur auf den ersten Blick im Widerspruch zueinander. Die satanische Konsequenz des Schreibens bildet die Kehrseite seiner religiösen Qualität. Die Versenkung in die Nacht, die höchste

---

10 Franz Kafka, Tagebücher III (1914–1923), Gesammelte Werke, Bd. 11, S. 138.
11 Franz Kafka, Beim Bau der chinesischen Mauer und andere Schriften aus dem Nachlaß, Gesammelte Werke, Bd. 6, S. 213.
12 Franz Kafka, Briefe 1902–1924, S. 384.

Konzentration verlangt, bedeutet auch die Negation des Lebens – die Begegnung mit den dunklen Geistern des Kellergewölbes, in dem sich der Schriftsteller einsperren muß, um seine Geschichten vorantreiben zu können. Das Heilige und das Teuflische gehören gleichermaßen zum Schreiben, weil die absolute Konzentration nur um den Preis der Abtrennung von der äußeren Welt, mithin auf Kosten eines erfüllten Lebens möglich scheint. Der ‹Lohn für Teufelsdienst› ist die Einsamkeit des Schriftstellers, wie sie ein Tagebucheintrag vom 5. Dezember 1914 in unüberbietbarer Radikalität beschreibt: «Ein Bild meiner Existenz in dieser Hinsicht gibt eine nutzlose, mit Schnee und Reif überdeckte, schief in den Erdboden leicht eingebohrte Stange auf einem bis in die Tiefe aufgewühlten Feld am Rande einer großen Ebene in einer dunklen Winternacht.»[13]

Das Schreiben kann dauerhaft nicht zum Glück führen, da es im Glücksverzicht seine Voraussetzung findet. Nicht anders verhält es sich mit der Religion, deren Denkinhalte Kafka primär dazu dienen, die Gegenstandslosigkeit aller Erlösungserwartungen und das Verlöschen der eschatologischen Hoffnung zu demonstrieren. Am 30. Dezember 1917 wird im dritten Oktavheft notiert: «Wenn das, was im Paradies zerstört worden sein soll, zerstörbar war, dann war es nicht entscheidend, war es aber unzerstörbar, dann leben wir in einem falschen Glauben.»[14] Solche Diagnosen der

---

[13] Franz Kafka, Tagebücher III (1914–1923), Gesammelte Werke, Bd. 11, S. 61.
[14] Franz Kafka, Beim Bau der chinesischen Mauer und andere Schriften aus dem Nachlaß, Gesammelte Werke, Bd. 6, S. 190.

Vergeblichkeit gehen von der Beobachtung aus, daß die Inhalte der Religion noch zugänglich, längst aber entkräftet und unverbindlich geworden sind. Die Alternative, von der der zitierte Aphorismus spricht, läßt nur die Wahl zwischen der Wertlosigkeit des Paradieses und der Nichtigkeit unserer Religion. Will der Mensch hier einen Ausweg finden, so ergeht es ihm wie der Maus in Kafkas kleiner Fabel, die über die Enge der Welt klagt und von der Katze den Rat erhält, die Laufrichtung zu ändern, ehe sie von ihr gefressen wird.[15]

So düster Kafkas Aphoristik in ihrer Neigung zu Negativität und Pessimismus ausfällt, so hell leuchtet doch in ihr immer wieder die Ironie auf. Kafkas Ironie wird getragen von der Erkenntnis, daß die Ostentationen der Trauer und die Sprachen des Pessimismus in seiner Denkwelt stets auch rituellen Charakter haben. Dem Schulfreund Oskar Pollak schreibt der Zwanzigjährige im November 1903: «Aber durch Klagen schüttelt man keine Mühlsteine vom Halse, besonders wenn man sie lieb hat.»[16] Das Bewußtsein der inneren Ordnung, die das Leiden ausbildet, schließt die Einsicht in ihre zirkuläre Logik ein. Die Rede über das Unglück vertreibt die bösen Geister nicht, stärkt vielmehr ihre Existenz; das Schweigen aber wäre nicht minder fatal, weil es sie im Dunkel gewähren ließe. Kafka weiß, daß seine Selbstanklage einer strengen Übung gleicht, die er wie ein Ritual reproduziert. Im Tagebuch heißt es am 7. Februar

---

[15] Franz Kafka, Zur Frage der Gesetze und andere Schriften aus dem Nachlaß, Gesammelte Werke, Bd. 7, S. 163.
[16] Franz Kafka, Briefe 1900–1912, hg. v. Hans-Gerd Koch, Frankfurt/M. 1999, S. 30.

1915, daß die Ich-Observation zwangsläufig nur Unsauberes zutage fördern könne: «Dieser Schmutz wird der unterste Boden sein, den man finden wird, der unterste Boden wird nicht etwa Lava enthalten, sondern Schmutz. Er wird das unterste und das oberste sein und selbst die Zweifel der Selbstbeobachtung werden bald so schwach und selbstgefällig werden, wie das Schaukeln eines Schweines in der Jauche.»[17] Die ironischen Effekte der Kafkaschen Aphorismen resultieren aus der Selbstreflexion des rhetorischen Ritus, wie sie hier praktiziert wird. Inmitten der hermetischen Welt seiner privaten Schuldmythologie entlarvt Kafka den Konstruktionscharakter seiner Urteile, um am Ende den Akt der Entlarvung zum Ausgangspunkt für die Weiterführung seiner Anklage-Rede zu machen. So wird noch die Ironie ein Treibsatz für den unendlich fortschreitenden Text, dessen Dialektik unabschließbar bleibt.

Brücken zum literarischen Œuvre

Die Logik des Zirkulären, die Kafkas Aphoristik bestimmt, verdeutlicht auch ihre Verwandtschaft mit seiner erzählerischen Produktion – immer berücksichtigt, daß die Schwelle zwischen Reflexion und Fiktion in seinem intellektuellen Haushalt niedrig ist. Kreislaufstrukturen, Wiederholungseffekte, Paradoxien und Formen unabschließbarer Dialektik bilden die Grundmuster seiner literarischen Texte. Mit kühler Prägnanz erzählt Kafka Geschichten von der Setzung und Aufhebung des Subjekts unter den Bedingungen einer

---

17 Franz Kafka, Tagebücher III (1914–1923), Gesammelte Werke, Bd. 11, S. 77.

heteronomen Welt. Karl Roßmann, der Protagonist des *Verschollenen*, verstrickt sich immer tiefer in der bizarren Realität des unendlich weiten Amerika, ehe er im Raum des Naturtheaters von Oklahoma [!] verschwindet. Der vermeintliche Landvermesser K. versucht im *Schloß*-Roman in die Fremde einer Dorf-Gemeinschaft einzudringen, die ihn stets neu auszuschließen sucht; ob er hoffen darf, künftig von dieser abweisenden Sozietät geduldet zu werden, bleibt offen, weil das Manuskript an einem entscheidenden Punkt des Annäherungsprozesses abbricht. Das namenlose Tier im *Bau* verliert sich in seinen paranoiden Reflexionen über einen vermutlich eingebildeten Feind und wird sukzessive zum Opfer der eigenen Schutzmaßnahmen, die seine Existenz verteidigen sollten, es am Ende aber in die Enge der Selbstbeobachtung treiben. Josefine, die singende Maus in Kafkas letzter Erzählung, taucht in der Geschichte ihres Volkes unter, ohne daß man einen zuverlässigen Beweis für die objektive Leistung ihrer Gesangskunst erbringen könnte.

Kafka erzählt Geschichten, die nicht enden dürfen, weil ihre Konstruktionen von Identität und Differenz, von Individualität und Gemeinschaft brüchig bleiben. In ihnen existiert keine eindeutige Wahrheit, kein verbindlicher Glaube, keine gesicherte Erkenntnis; selbst die Instanzen der sinnlichen Wahrnehmung scheinen unzuverlässig geworden zu sein. Am 20. Oktober 1917 formuliert Kafka im dritten Oktavheft: «Wir sind, mit dem irdisch befleckten Auge gesehn, in der Situation von Eisenbahnreisenden, die in einem langen Tunnel verunglückt sind undzwar an einer Stelle wo man das Licht des Anfangs nicht mehr sieht, das Licht des

Endes aber nur so winzig, daß der Blick es immerfort suchen muß (...)»[18] Dieselbe Konstellation bezeichnen auch die großen erzählerischen Texte Kafkas, die Suchende wie Karl Roßmann oder K. beschreiben, denen das Wissen über ihre Ursprünge abhanden gekommen ist. Das Licht des Anfangs scheint erloschen, und es bleibt nur die verblassende Erinnerung daran, daß es einstmals hell strahlte. Noch wissen wir, daß wir in einem Tunnel feststecken; unsere Nachkommen werden womöglich über diese Lage nicht mehr reflektieren, weil sie allein das Dunkel kennen, in dem sie ohne Bewußtsein leben.

Wer in solcher Situation glaubt, über eine einheitliche Wahrheit wie über einen Besitz zu verfügen, macht sich der Täuschung schuldig. «Geständnis und Lüge ist das Gleiche», heißt es Ende 1920[19]; das läßt sich auch auf Kafkas berühmtesten Roman, den *Proceß* übertragen, der uns in Josef K. einen unschuldigen Schuldigen vorführt: einen Angeklagten, der kein herkömmliches Verbrechen begangen hat, sondern strafbar ist, weil er sein Leben in den leeren Routinen des Büroalltags, der Freudlosigkeit gekaufter Liebe und der Eitelkeit des selbstvergessenen Berufsmenschen vergeudet. Wenn Leni, die Geliebte des Advokaten Huld, Josef K. dazu auffordert, er solle «doch bei nächster Gelegenheit das Geständnis»[20] machen, ist an den oben zitierten Satz zu erinnern, demzufolge Geständnis und Lüge identisch sind. Auch hier

---

18 Franz Kafka, Beim Bau der chinesischen Mauer und andere Schriften aus dem Nachlaß, Gesammelte Werke, Bd. 6, S. 163.
19 Franz Kafka, Zur Frage der Gesetze und andere Schriften aus dem Nachlaß, Gesammelte Werke, Bd. 7, S. 166.
20 Franz Kafka, Der Proceß, Gesammelte Werke, Bd. 3, S. 114.

zeigt sich, wie eng Aphoristik und Literatur korrespondieren. Ihr gemeinsames Drittes bildet die Hoffnungslosigkeit, die den Glauben an die Metaphysik der Wahrheit verdrängt hat.

Adaptionen

In seiner neunten These *Über den Begriff der Geschichte* (1940) erweist sich Walter Benjamin als Schüler Franz Kafkas, wenn er, ausgehend von Paul Klees Bild *Angelus Novus*, über den Engel der Geschichte schreibt: «Er möchte wohl verweilen, die Toten wecken und das Zerschlagene zusammenfügen. Aber ein Sturm weht vom Paradiese her, der sich in seinen Flügeln verfangen hat und so stark ist, daß der Engel sie nicht mehr schließen kann. Dieser Sturm treibt ihn unaufhaltsam in die Zukunft, der er den Rücken kehrt, während der Trümmerhaufen vor ihm zum Himmel wächst. Das, was wir den Fortschritt nennen, ist *dieser* Sturm.»[21] Bis in den formalen Duktus der Sätze wirkt hier das Muster Kafkas nach, das Benjamin aus genauer Lektüre vertraut war (sie schloß auch die Aphorismen ein, die Max Brod 1937 im Nachlaßband *Beim Bau der chinesischen Mauer* publiziert hatte). Auf Kafkas Einfluß verweisen diverse Elemente: die Bildfixierung der Reflexion, die Skepsis gegenüber einem geraden Telos der Argumentation, die Koinzidenz von paradoxer Erkenntnis und paradoxem Gang der Darstellung, die innere Unabschließbarkeit des Gedankens, die Dekonstruktion religiöser Inhalte, die Vorstellung eines *ordo inversus*, in

---

21 Walter Benjamin, Über den Begriff der Geschichte, in: Gesammelte Schriften, hg. v. Rolf Tiedemann u. Hermann Schweppenhäuser, Frankfurt/M. 1972–1987, S. 697f.

dem das Paradies den Engel der Geschichte mit mächtigem Sturm in die Zukunft treibt.

Benjamin folgt dem Vorbild Kafkas, wenn er seine Kritik der Metaphysik mit metaphysischen Kategorien ins Werk setzt. Eine solche Aneignung ist keineswegs untypisch für die intellektuelle Situation des 20. Jahrhunderts. Kafka hat nicht nur als Erzähler zahlreiche Schüler gefunden; ebenso nachhaltig wirken seine geistigen Impulse im philosophischen Diskurs fort. Spuren seiner Reflexionsstrategien lassen sich bei unterschiedlichen Denkern der Moderne und Postmoderne identifizieren. Theodor W. Adornos Konzept der negativen Dialektik als Form des Nicht-Identischen, das sich dem Terror der absoluten Setzung entzieht, greift auf Kafkas Auffassung von der leeren Gewaltsamkeit des Absoluten zurück. Michel Foucaults Analyse der Macht als Effekt normativer Diskurspraktiken unterhält deutliche Bezüge zu Kafkas Nachdenken über den strukturellen Zusammenhang von Rede und Herrschaft. Jacques Derridas Philosophie der Schrift als Medium der Abwesenheit eines metaphysischen Sinns stützt sich ganz offenkundig auf Kafkas Kritik der Sprache, die sich auch als Kritik des Logozentrismus deuten läßt. Derridas *Grammatologie* zitiert einen Tagebucheintrag Kafkas vom 6. Dezember 1921 als Beweis für die Priorität des figurativen Ausdrucks in der Rede der Literatur: «Die Metaphern sind eines in dem Vielen, was mich am Schreiben verzweifeln läßt.»[22] Giorgio Agambens Theorie der Souveränität als Herrschaft über das nackte Leben, wie er sie

---

22 Jacques Derrida, Grammatologie. Aus dem Französischen v. Hans-Jörg Rheinberger und Hanns Zischler, Frankfurt/M. 1974 (= De la grammatologie, 1967), S. 464f.

im *Homo sacer* entwickelt, ist wiederum nicht denkbar ohne Kafkas Erzählungen von Gesetz, Gericht und Strafe, in denen das «Nichts der Offenbarung» (Gershom Scholem) ansichtig wird.[23] Derrida und Agamben haben sich zudem intensiv mit Kafkas Legende *Vor dem Gesetz* befaßt, die sie als Schlüsseltext für ihre eigene Philosophie lesen – als Chiffre einer Krise der Repräsentation, die Sprache nur noch im ‹Davor›, im Verharren vor einem fiktiven Sinnzentrum denkbar macht (Derrida), und als Allegorie eines Gesetzes, das Geltung, aber keine Bedeutung hat (Agamben).[24]

Kafkas Aphorismen gewinnen ihren einzigartigen Charakter durch die paradoxale Struktur der Beweisführung und die infinite Ordnung der dialektischen Argumentation. Aus diesem Grund sind Adaptionen, die ihre Form aufgreifen und fortsetzen, vermutlich tragfähiger als jene, die – wie der französische Existentialismus – auf die in ihnen erörterten Konfliktmuster, Entscheidungen und Urteile Bezug nehmen. Der intellektuelle Modus, der hier sichtbar wird, lädt zu beidem ein: zur Nachahmung seiner inneren Struktur und zur Aneignung der Fragen, die sie erzeugt. Grundsätzlich zeigt die Vielzahl der Lektüren, die Kafkas Aphoristik nach sich zog, die Wirkungsmacht eines Denkens, das sich über die Durchdringung des Paradoxen und die Dekonstruktion der Metaphysik als paradigmatische Reflexionsform der Moderne (und Postmoderne) auswies.

---

23 Benjamin und Scholem, Briefwechsel 1933–1940, hg. v. Gershom Scholem, Frankfurt/M. 1985, S. 175. Giorgio Agamben, Homo sacer. Die souveräne Macht und das nackte Leben. Aus dem Italienischen v. Herbert Thüring, Frankfurt/M. 2002, S. 61f.

24 Jacques Derrida, Préjuges/Vor dem Gesetz, hg. v. Peter Engelmann, Wien 1999; Giorgio Agamben, Homo sacer, S. 60ff.

Bibliographische Hinweise

Der Auswahl liegen folgende Editionen der Texte Franz Kafkas zugrunde:
- Gesammelte Werke in zwölf Bänden. Nach der Kritischen Ausgabe hg. v. Hans-Gerd Koch, Frankfurt/M. 1994
- Briefe 1900–1912, hg. v. Hans-Gerd Koch, Frankfurt/M. 1999
- Briefe 1913–1914, hg. v. Hans-Gerd Koch, Frankfurt/M. 1999
- Briefe 1902–1924, unter Mitarbeit von Klaus Wagenbach hg. v. Max Brod, Frankfurt/M. 1975 (zuerst 1958)
- Briefe an Felice [Bauer] und andere Korrespondenz aus der Verlobungszeit, hg. v. Erich Heller und Jürgen Born, Frankfurt/M. 1967
- Briefe an Milena [Jesenská]. Erw. und neu geordnete Ausgabe, hg. v. Jürgen Born und Michael Müller, Frankfurt/M. 1982
- Oxforder Quarthefte 1 & 2. Historisch-Kritische Ausgabe sämtlicher Handschriften, Drucke und Typoskripte, hg. v. Roland Reuß in Zusammenarbeit mit Peter Staengle, Frankfurt/M. 2001